一百零一個活下來的理由

如何面對自殺情結

杜秀娟——著

謹將此書獻給我的父母親

推薦序

沉重之後——脆弱與勇氣

鄭玉英　懷仁全人發展中心／諮商心理師與督導

有人自己結束了生命，造成了遺族。

當事人「選擇」中斷了自己的人生，給身邊遺族留下無預警的斷裂，震驚和深長的傷痛。「到底為什麼？」

有人留下遺書，有人無言離去。但誰也無法獲知那一刻，他的心中想著什麼。

自殺，永遠不能鼓勵，一定要努力防治，卻永遠無法完全預防和避免。憂鬱是最明確而說得通的理由，情傷是常有的刺激；未成年的孩子？留下的更是難解的謎團。

最難承受是父母，兒女是自身所從出，由自己體內生出，又自選死亡，當然覺得有一部分自己隨之死去。然而，任何一個親近的遺族都不禁要想：
「難道我不是你願意活下去的理由？」
「原來我不值得你為我忍耐人生。」
「到底我做錯了什麼？多做了什麼？少做了什麼？」
「到底你的離去跟我有關聯嗎？」

專業助人工作者如果也成了廣義的自殺者遺族，那是另外一種角度的煎熬。還在服務期間，尚未結案，當事人就走上絕路，留給專業工作者的憤怒和自責也是無比沉重。無從究責！是當事人自己壓下按鈕。

不能怪罪遺族，那對他們太不公平！

不能怪罪當事人，他只是痛苦到無法承受或當時頭腦不清……

也許沒有人有意怪罪，只是在一團痛苦困惑當中，口出流言，透露了怪罪的言詞。或是因為心疼自殺者，而噴出責難的口水；或是因為心疼遺族，而責怪了逝去的靈魂。

或是為了教育和自殺防治的目的，無意間帶出對自殺的污名化，這污名化豈非傷口灑鹽？

當然絕無惡意，只是出於關懷。

死後生命無人知曉。各個宗教都有其教義之下的對自殺的論述。由於對生命的詮釋，因而多半的自殺論述是嚴峻的。秀娟有一個悄然呼聲「盼望有個良善的神哪！」相信天地人神都聽見了。應該還要加上能穿透苦難，看出神善良的眼光吧。所深愛的當事人是否會因自殺而永在地獄火湖裡燃燒？這想法是怎樣折磨著遺族的心？筆者參考一下天主教觀點，《天主教教理》摘要指出：

一、神把生命委託給我們，我們是生命的管理員，不是生命的所有人。應對生命負責，不得擅自結束生命。

二、自殺違反人性保存和延續生命的自然傾向，也違反對自己應有的愛心。

三、故意幫助自殺，是違反道德律。而嚴重的心理錯亂、憂慮，或對考驗、痛苦、折磨的巨大焦慮等等減輕了自殺者的責任。

四、我們不應對一個自我了結生命者的靈魂獲救失望。神能夠運用唯有祂知道的方法，給他們安排懺悔得救的機會。

五、教會總要為自殺者祈禱。

也許，只有天主知道自殺者的內心深處是什麼狀況，是否迷失，何時獲救。我們的譴責是不公平也沒意義的。

秀娟在英國完成了自殺者遺族的博士論文《自殺情結——以敘說與劇場探詢的遺族研究》，在這本冊子上卻決定勇敢出櫃，不再躲在研究者的面具後面，而忠於自己的經驗。以喪子的母親身分，勇敢敘說發生的一切，盼望遺族能有自在現身的空間，也企圖清除對自殺者和其遺族的污名化。讓讀者類似經驗可以共鳴，讓關心此議題的陌生的路人可以佇足反思。

秀娟的出櫃與赤裸陳述，展現出脆弱的勇氣。世界上有兩種脆弱，一種是被迫，一種是自選，遺族被迫成為遺族，卻可以自己選擇哪一種脆弱。脆弱的躲藏絕對值得尊敬，那是一種生存之道；脆弱的赤裸展現也值得尊敬，那份透明帶來更深的通透。

我與秀娟是舊識也是專業同道，明白她在劇場的繽紛和傷痛折翼之後的掙扎。我本人也是自殺者遺族，家姊在醫院病房自盡，是近五十年前的往事，卻改變了我的一生，催促我轉行成為助人工作者，我自身經驗也常常在陪伴類似經驗朋友時成為內在資源。

作者述說著存活不易，她未作辯證分析，只是真誠脆弱的喃喃獨白，找出一個又一個活下去的理由。我反覆閱讀，只覺得意猶未盡，似乎作者會有續集在未來出現，在足夠時間哀悼之後，帶出重新展翅的劇場經驗，和轉化的論述。我且拭目以待。

推薦序

加一！世間情！

方俊凱　馬偕紀念醫院精神醫學部資深主治醫師

無論如何，秀娟要出版書，我都要幫她寫序！

這是非常複雜又難以說明的感受與想法，如果真的要給它一個詞，那最好的詞也許就是秀娟所說的「自殺情結」。

認識秀娟，源自於我在馬偕紀念醫院辦了醫療機構內的第一個自殺者遺族團體。二〇〇五年春天，我在西雅圖第一次參加美國自殺學會（American Association of Suicidology）的年會，其中有一整天，我參加自殺者遺族的研討會——以專業遺族的身分參加。二〇〇五年冬天，我在馬偕自殺防治中心成立後，就開始開辦「自殺者遺族說故事團體」，以一位身為精神科醫師的專業遺族身分開辦，所以我從來沒有在遺族團體中穿過任何一次醫師袍。

秀娟，二〇〇六年來參加團體，不只參加一個梯次。

一轉眼也已經十七年！真是漫長！卻又好像是昨日一般！

我其實和各位讀者一樣，透過「一百零一個活下來的理由」，才真正知道發生了什麼事。

對遺族而言，要遺族說出發生了什麼「事實」，太殘忍了！不說，又太痛苦！發生的事情，也不僅僅是「故事」兩個字就可以帶過，但是，我也找不到更恰當的詞。總之，我就是聽！

如今，可以看，彌足珍貴，也敬佩萬分！

用第一人稱，以日記的方式寫下，光是這點就值得敬佩！

一千零一夜的故事，是雪赫拉莎德（Scheherazade）為了活下去並拯救眾阿拉伯少女的傳說。

一百零一個活下去的理由，是秀娟為了活下去的真實記錄！

這本書的最後，秀娟問：

你願意愛我嗎？你願意愛我們嗎？身為自殺者遺族，這是我最深的渴望。

耶穌問祂的大弟子彼得：你愛我嗎？

萬般自那時
珠泪憶難遺
時時度日日
世間情加一

推薦序

生命終點的多樣性

釋惠敏　國立臺北藝術大學
法鼓文理學院名譽教授

二〇〇三年，秀娟在北藝大就讀研究所時，遭逢孩子的自殺，當時我在北藝大擔任教務長一職。她曾來找我，想了解自殺之後孩子的處境，與作為一個母親要如何因應與面對。二十年後，她將失落的經驗寫了一本書，詢問我為此書寫序的可能性。敝人拜讀此書文稿，覺得這是一本扣人心弦、寓意深遠的書。

秀娟在經歷過自殺失落的痛苦後，從二〇二〇年七月一日之「一杯澄黃的花草茶」的理由，到十月九日「選擇為他的自殺活著」的理由，把自己療癒的過程記錄整理，提供「矛盾療法、保持希望、與痛苦為友、使用象徵符號、宣告」五種療癒手段，以及當代心理學關於創傷後正面發展的兩派理論（創傷後成長、韌性），兩個正面的案例，來詮釋與協助人們如何因應傷痛困境。作者將自己的經驗結合研究成果，創作出這本頗具特色的書籍，有幸拜讀，獲益匪淺。

死亡一直是宗教所關注的議題，感於自殺是個具爭論性的死亡模式，秀娟希望我可以在序中簡明提出佛法的觀點，因此我不揣鄙陋，野人獻曝，提供大家指教：

如同一般宗教，佛教有所謂「不傷害生命」的戒律，例如：佛陀時代，有些比丘為避免對身體貪著，修「觀身不淨」方法過度，因而「或有自殺，展轉相害，或索刀、繩，或服毒藥」的狀況，佛陀對此，制定戒律禁止，並且教導可能修「不淨觀」過度的人，應改修「觀察呼吸出入」（阿那般那，ānāpāna）的法門，以穩定身心，也可以捨離貪著與憂惱。

佛典也有記載：有一位名為瞿低迦（Godhika）比丘因為慢性疾病因緣，多次從「心之暫時性解脫」（禪定）狀態退轉，因而在第七次得此禪定時，以自殺的方式避免退轉；對此情形，佛陀並沒有刻意阻止。另外一位名為跋迦梨（Vakkali）比丘則是病苦難忍，因而想「求刀自殺，不樂苦生」。佛陀教導應觀察身心「無常、苦，是變易法」，「若於彼身無可貪、可欲者，是則善終，後世亦善。」之後，尊者跋迦梨思惟解脫，欲執刀自殺，不樂久生；對此情形，佛陀也沒有刻意阻止。

此外，約在佛陀入涅槃前半年，其第一大弟子舍利弗（Śāriputra）因為不忍見佛陀入涅槃，因而請求佛陀允許他回故鄉度化母親信佛而後入涅槃，而說：「如來！願世尊允許，願佛陀答應：我入涅槃的時機已到，我已捨世壽（我放棄了生命力）。」佛典記載：當時如果佛陀回答：「你可以入涅槃」，懷異心者就會說佛陀稱讚死亡；如果他回答：「不可以入涅槃」，他們又會說佛陀鼓勵繼續輪迴。因此佛陀二者都不說，而是問：「你將在哪裡入涅槃？」舍利弗回答：「在摩揭陀（Magādha）國那拉迦（Nālaka）村內，在我出生的房間裡。」於是世尊說：「舍利弗，如你所想的及時去做吧。但今後你僧團中的兄弟再也沒有機會看到像你一樣的比丘，請給他們最後的佛法開示吧！」舍利弗為僧團作最後開示之後，以七天的時間，完成回故鄉度化母親信佛之心願，再以「師子奮迅三昧」，順、逆進入第九次禪定；然後再從初禪進入四禪。在他進入四禪後，就像旭日初生一樣，舍利弗入無餘涅槃。

因此，對於阿羅漢聖者，佛教有所謂「留捨壽行」（主動延長或縮短壽命）的討論，若「為利益安樂他故，或為聖教久住世故」，觀知自身壽命將盡，觀其他人無法承擔上述二種任務，則可發揮主動延長壽命能力。反之，阿羅漢自觀住世，對於其他人沒有特別可以提供利益安樂事，或為「病等苦逼自身」，則有可能發揮主動縮短壽命能力。

以上，我們或可管窺佛教對生命終點多樣性的看法，對於自殺有著多元的關注理解。然而在親友自殺以後，眾生面對「生、老、病、死、愛別離、冤憎會、求不得」挑戰，或說是執著「身體、感受、想像、意志、心識」等五類身心組合（五取蘊）而導致悲傷、悲痛、痛苦、不快和絕望等負面情緒。因為我們不能經常覺察五蘊身心「無常、苦者，是變易法」，對於身心的變化，產生恐懼、痛苦和焦慮等煩惱，進而引發各種不善的思惟、言語與行為，因而又導致痛苦，走不出失落的傷痛。

對此惡性循環，我們是有「斷、捨、離」的可能性，如此了解與信心，或許比較不容易引起生命意義危機，同時我們也可多了解、關心與支持有這方面困擾的個人與家庭，我想本書提供了我們各種活下去理由的敘述，可讓我們學習珍惜現有的一切，也讓我們學習如何給予自殺者遺族多元多思考空間，有感此意，特予推薦，並為之序。

目錄

一百零一個活下來的理由

1 前言

這是一本關於自殺者遺族如何活下來的書。二〇〇三年我的小兒子自殺，我成為自殺者遺族，二〇一五年在英國艾塞克斯大學（University of Essex）完成博士研究，論文題目是《自殺情結——以敘說與劇場探詢的遺族研究》。兩個大關鍵字：自殺與遺族。

原本以為完成這個博士論文，我的生命可以重新開始，我將可以活下來。誰知生活的考驗才真正開始。孩子自殺一年後，我結束十五年的婚姻，失去過去所累積的一切，資源掉到水平面以下。二十年過去了，我卻還在二十年前那個死亡現場，動彈不得。如何拾起中斷的生命歷程？如何移植這多年的探索與成長？如何拼湊生命的碎片，繼續經營？二十年前的我和二十年後的我，像失散多年的孿生子，舉杯，卻是無語。沒有重逢的喜悅，沒有再生的歡慶，因為境地依舊荒蕪，一片貧瘠。我好想躲起來，躲去那個無底的哀傷，不用再現人世間；像個沒有生命線的嬰兒，永遠不必出生，不用再度面對枯竭的景象。

於是，故鄉，成了我最想回也最怕回的地方；這個生命的破洞，讓我對回來臺灣感到極度害怕與恐懼，我想辦法不要回來，我盡己所能地逃避。然而靈魂大過於自我，這巨大的害怕，不管我多想躲藏，終究抵擋不了失眠的夜半時刻，故鄉的召喚。我的靈魂開啟另一段深層的整合，軟弱無力的小我，只能放棄逃避與控制的慾望。無數的失眠夜晚，我了解到，原來生命不是由得我要做什麼，而是，若不讓這個倖存歷程來表達、被聽見、進一步被理解，我的靈魂將永不安歇。

回到臺灣，為了要在一無所有的狀況下養活自己，我放下過去生命的累積與些許的專業能力，到一間小學作行政幹事。心中懷著創傷，做著與過去毫不相干的事情，雖然肉體活著，但失去一向繫命的意義感，加上公務體系的冷漠，同事惡意的霸凌傷害，我再度倒了下來。我面臨了一個難解的習題：如何活下來。這是一個弔詭的習題：為了活下來，我得處在惡質的環境，終究病倒了，這樣值得嗎？若活著這麼難，要不要放棄呢？

二〇二〇年六月三十日，面對隔天要回到小學的工作，我依舊痛苦非常，但我還不想放棄生命，我要自己從隔天開始，一天找一個理由活下來。這個書寫非常困難，因為我已經不知怎麼活下去了，唯一支撐著我的，是我還不想死。一開始這個努力，像是在沙漠中尋找著綠洲，每天一丁點，一小滴水。二十年來的倖存歷程，核心的痛苦像礦石無比堅硬，每天只能鑿一點，鑿開的是血，是淚。我盡己所能，在經驗的爬梳中結合所接觸過的理論，讓這個書寫不是只是宣洩情緒；我在曠野之中打滾，試圖找到活下去的力量與理由。過約兩週，我了解到這樣的書寫，是我靈魂拯救自己的方式，尤其在活不下去的當口，找到一丁點的理由，就這樣賴著，也就可以活下來了。

在某些癥結點，對於暴露自己醜陋的故事，有些猶豫不決，後來想想，既然遲早都會死，我還害怕什麼呢？想說什麼就說什麼吧！我把這些也都寫進去了。逐漸我明白，這樣的書寫方式，可以推介給自殺者遺族，讓遺族在照顧自己上多了一個工具。若行有餘力，也可以再推廣到其他創傷的族群。

2

這是發生在我身上的事……

二十年了，想起來景象依依在目。接到他爸爸的電話，不敢相信所聽到的是真的。「他在開玩笑吧！」但他緊張的口氣不像在開玩笑。我跳上計程車，腦中一片空白。不記得如何在車上度過那漫長的一小時，只記得我的世界不由自主地旋轉，我感到暈眩，頭暈，只希望這只是一場噩夢。

在家附近的市場下了車，繁忙的街道兩側滿滿的人，鬧哄哄的。在此住了十年，從沒經驗過這樣的混亂與吵雜，當時心一沉，有事情發生了，這是……真的！也許是昏眩感，雜亂人聲在我耳中產生迴聲震盪，世界變得不真切了。

我走過馬路，沒有看到躺在地上的小兒子，鄰居迎面而來，陪我上了樓。

不知為何，家中好多人，不認識的人。記者，警察，還有葬儀社的人，一票無關係的人。我問著，「救護車有來嗎？」有，但走了。「有急救嗎？」好像有。那為何沒救回來就走人了呢？我不理解。葬儀社的男人一直在旁叨擾，說著什麼塔位，什麼程序，價位有多合理；我一定看起來笨極了，人死了理當安排的埋葬事宜，想都想不通！幾個陌生人在家中走動，我再說了一次，「可不可以再叫救護車？」有人才吞吞吐吐的說，他們宣布他死了，所以不用急救了。

喪親頭兩年，我完全失去了生活功能，辦了休學。生命失去了意義，真切地成為人生的浮萍，與世界有了隔閡，這不是一種智性上的理解，而是真切的感受。我常徘徊在校園山坡，遠眺群山，那個曾經熟悉的世界，已然陌生，像夢。我曾浸淫享受的閱讀、思考與討論，已索然無味。死亡是藝術的大課題，還有什麼比真切與死亡面對來得深刻呢？我憤怒地離開教室，走離那個言不及義的討論族群。

我站立山頭，不知如何回到人世間，那種在泡泡裡被隔絕的感覺，延宕多月才逐漸散去。某日路上遇見一名老師，不悅地說為何我變得像軟腳蝦；我想他不知道他在說什麼吧！我都不知道活著幹嘛，誰介意軟不軟腳？兩年過去了，好不容易拿到畢業證書，我更茫然，因為這自殺事件發生在我轉換職場之後，原本希望畢業後能在劇場界工作，但破碎的我，如何可能？更別說回去過去貿易的職場了……。如此前不著村，後不著店，又過了幾年。

其實不清楚復原路是怎麼走過來的，一路載沉載浮，因身心破裂，無法維繫職場技能，萌芽未久的創意書寫能力也無疾而終。我不知道其他遺族是怎麼存活下來的？他們如何繼續他們的人生與歷程？他們如何面對未來？約五年後，才覺得有點力氣。我準備著公費留學考，希望成為治療師，幫助類似失落的人，於是開啟多年的留英學涯。然而這個失落影響之巨大，超乎我的想像，這份巨痛，總在深處咬嚙著我的心靈，一點小挫敗就會讓我信心全無。雖然我向宇宙之神不斷祈求，拿走這個痛苦，但我靈性的破口久久無法癒合，總覺得自己注定被懲罰。沒有一般留學生的驕傲去征服世界，我只試圖尋求內外在的整合；我航向西方的船隻，是揚著破碎的旗幟。雖然深刻認同戲劇的治療性，學習歷程無比艱辛，除了語言與文化的隔閡，種族的歧視待遇，與心魔的爭戰教我日漸疲乏。

在那破碎的底層，似乎再好的治療師都沒辦法，我的困難、憂鬱、無力、無意義感，只有神能解決。多年後，我才知道這個破洞，只有生存的意志與愛才能補全。我必須接受摯兒已死，向生命說「是」——也就是我「願意活下去」，才有真正的希望。我不必負責他的死，也不必用死來還替他的死。十二年的母子情緣，二十年的哀悼歷程，他會很高興我重新開始。

我能有今天，得感謝很多人的援手，包括不認識的人。但我很害怕，也不知如何重新開始，即使終於完成了博士學位，那份羞愧感還在……。若有人指著我的臉，不管有意無意，說我的兒子自殺，我如何回應？我如何面對自殺與自殺者遺族的汙名化議題？還有，我也內化了社會對禁忌問題的汙名，終究，我如何看待自己與這個經驗？這些困境，不是博士學位可以解決的。為了活下來，我強迫自己在臉書上公開貼文，每天將自己尋找活下來的理由貼在臉書上，成為每日的功課。謝謝朋友的加油打氣，讓我覺得一路有人相伴，那些紅心、比讚的手勢、滴淚的臉，陪伴我完成這個歷程。

3
與榮格分析心理學的因緣

出國前在就讀臺北藝術大學戲劇研究所期間，我就接觸到榮格，但了解不深。到英國後先在中央演說與戲劇學校（Central School of Speech and Drama）進修戲劇治療，有系統地研讀榮格，也開始與榮格取向分析師進行一週一次的心理治療。後來在科爾切斯特（Colchester）艾塞克斯大學的精神分析研究中心（Centre for Psychoanalytic Studies）進行博士研究，主要以榮格分析心理學的「情結」（complex）理論來詮釋遺族的歷程。

簡單說，榮格的情結理論是相對於「原型」（archetype）理論。他說情結是「通往個人潛意識的道路」，充滿了豐沛的情感；原型則是集體潛意識的呈現，集結人類的本能與意象（image），也就是本能透過更大的象徵來顯明人類的需要，每個原型背後，都乘載了人類集體的投射。情結有正面也有負面，都是由巨大的情感經驗所掌控。病態的情結如同破碎的人格（a fragmentary personality），而且有著自身的意志權力（will-power）。當人被負面的情感攫獲時，感受起來像是被潛意識侵入（invasion）一般。

我在博士論文提出了「自殺情結」（suicide complex），主張遺族因為自我結構受到破壞，對外界的抵抗力減弱，以此觀點詮釋為何遺族會有高度自殺意念的想法。我對這個情結的定義是：由於遭逢自殺失落，直接在遺族心靈，或者間接在一般人的心靈所引發（constellated）的情結。他（在此我將我的情結人格化）呈現的方式從微小不想活的意念想法，到想自我了斷的急性危險，也就是說他的幅員廣闊，由內在的潛意識意念，外發到危及生命的行動。

簡單地說，若遺族出現了想死的念頭，且這個念頭縈繞不去，就是被自殺情結擄獲了。

這個情結來自遺族對於自殺失落強烈的情感反應，（因哀悼痛苦導致）昏沉的意識，還有與社會對自殺愛恨交織（ambivalent）的態度互動的結果。由於社會認為自殺是禁忌，是丟臉的事，因此不去談論它，讓它走入地下，而得以在人們的內心發酵。我也指出自殺情結會間接在一般人的心靈形成，是因為在集體潛意識的連結之下，這個情結會傳遞到人類的共同心靈裡面，或隱或顯，等待時機浮現。所以，自殺是人類共同的命運之一，也是我們要一起面對的議題。

雖然我用自殺情結來詮釋遺族自殺的動力，不代表就能完全解決遺族高自殺的風險。我們對人類心靈的奧祕仍在持續的了解中，尤其是黑暗、非理性的部分，也就是榮格所說的「陰影」（shadow）。我們無法刪除這個情結，只能以意識與之對話，不斷用覺察來了解內外在需要，為自己經營一塊活下去的樂土。

4 關於書寫的體例

我原本可以將書寫的內容以主題來重新分類，讓文字顯得更乾淨，更有條理，但我選擇以時間序來呈現這本書的脈絡，一切從二〇二〇年七月一日說起，是希望可以呈現身為遺族的我，如何在流動的生活中，活過每一天。我讓每天發生的事情進入到書寫中，與這段倖存的生命共舞、發酵；我讓生活的當下與過去的記憶對話、反省；更重要的，我讓想要活下去的力量，與自殺情結帶來的憂鬱黑暗對峙、拔河，每天藉由找出活下去的理由，支持自己走下去。

從二〇二〇年八月一日開始，我打開封存二十年的箱子，裡面有孩子的遺物與當時自己的書寫記錄。因此，八月份開始，我的書寫多了一個文本。我盡量減少剪輯，希望保留剛喪親時的急切情緒，我也盡我所能減低文字上的修飾，讓過去的紀錄赤裸裸地呈現自身。但剪輯畢竟是為文的必要之惡，我承認有些許人工化的涉入。關於他或她的性別指稱，有時脈絡自然地提供這個訊息，只要是有其人的，就以用字來顯示其性別。在其他無特定性別對象時，我使用「她」來顯明我是個女性，即使我不是個激進的女性主義者，但我有強烈的女性意識。也因將自己第三者化，成為書寫或對話的對象，是療癒的方法，我透過書寫在實踐這樣的操練。另外，關於自己的情結，我用「他」來稱呼，顯明是我潛意識中男性的力量。

在西方，自殺者遺族的書算是少，不管是自傳體或者是治療論述，他們對於身心患者的公開書寫，以樂見其成的態度，不少作者也因著書寫走出個人病痛，甚至成為倡議者。我選擇出櫃全書以第一人稱書寫，在國內也許不算什麼，但在自殺者遺族的領域，可以說是先例。加上我在痛得要死的經驗中，尋找活下去的因子作為主題，在感性的經驗中加入客觀的論述，讓本書不只是個人的獨白囈語。

5
最後……

人為何會自殺，一直是個謎。要了解自殺者遺族，也要了解自殺。本書的自殺者遺族（suicide survivors; survivors of suicide）指的是因某人自殺死亡後而被影響的人們，不同於自殺倖存者（suicide attempt survivors）。遺族的英文是survivors，也可譯為「倖存者」、「殘存者」或「生還者」。「遺族」一詞另隱含有「極力存活的勇氣」與「賦權」之意。

遺族的歷程因著歲月的成長有所變化。二十年後的今天，我與當時的身心狀態有很大的不同，多了距離與客觀性；當我重讀剛失去兒子的文字記錄時，有著無比熟悉的感覺，只是進去不了那樣的情緒。有些時候我讓現在的狀態與過去的文字並列，呈現遺族因著歲月所經驗到的變化，讓經驗不再看似靜止、線性、凝結的，而是流動、峰迴路轉，與高低起伏的。事實上，遺族的生活也跟失落之後的環境與資源息息相關，有較多資源的，比較容易好好活下來。喪親初期相比長期狀態，需要與困境也有所不同。因為二十年了，許多地方少了情緒上的急迫性，但訴求都是發自於內心的痛苦經驗。

喪親的前十年，我接觸佛法，以其儀軌與教法修行。本書引用過去的書寫文字中，若提及佛陀，是忠於經驗，因為當時我是佛子；若是提及神、上帝、宇宙，當時我對宇宙或神的概念是漂浮的，類似「新時代」的理念。文中有幾段對神的憤怒，我放膽地忠實呈現。當我對神生氣時，我無法尊敬祂、無法仰望祂、祂變成了普通的存在，我用「你」稱呼著祂；但當我撞擊到自我的極限而產生的謙遜，我用「祢」稱呼神，透過不同的語詞來呈現神在我心中的尊與卑、高與低的變化。我希望讀著本書的你容許我如此誠實，不要用褻瀆神的帽子來扣我；唯有真實地對神表達憤怒，遺族才有機會跟神修復關係。

最後，若沒有一個「人」，我是寫不下這本書的，那就是耶穌。孩子死後約十年的某一天，我失去了所有的動力，有人跟我介紹耶穌，我才了解何謂恩典，因著福音與耶穌的救恩走到今天，我才有足夠的力氣來回顧這個經驗。二〇一九年開始，我迫切地轉向耶穌，希冀尋找最終極的力量。雖然我經驗到耶穌是最棒的心理醫生，但不是每個自殺者遺族都能接受基督信仰，所以書寫中碰觸到靈性或信仰時，我盡量中性化，以「神」總括，避免落入特定的教派。信仰是個人的事情，因緣也不同，每個人連結到生命的神也有所不同，我希望本書能接觸到有信仰或沒有信仰的遺族。

榮格曾說，原型是集體潛意識的象徵，神佛就是原型的象徵之一，而耶穌是「本我」（Self）的完美象徵。在這裡提到耶穌，只是要承認這一百零一天，是祂陪伴我、幫助我度過的。我將這本書獻給祂。

6 一百零一個活下來的理由

2020/7/1

昨晚我痛苦至極，決定從二〇二〇年七月第一天開始，每天找個理由活下來。看是我的痛苦先解脫，還是活下去的理由先結束。

終究要跟ㄊㄚ好好拚一拚。

我帶著模糊的腦袋出門，來到睽違三個月的處室；努力保持靜心，不讓過去創傷的記憶攻占內心。泡上一包「有機和諧紓壓茶」，上面寫著「輕鬆減壓，一夜好眠」。好美的承諾啊！輕鬆，好眠，簡單說說，卻千金難買。

因為面臨回去上班的焦慮，一夜沒有好睡。來自德國的曼寧花草茶是澄黃色的包裝，有著有機驗證的字號，正面有洋甘菊的圖案，一幅天然的景象。我閉上眼，想著一片綠草地，陽光煦煦，一張青春的臉面向光明。

多美好的景象。

有人說我的痛苦來自我太挑剔，鐵飯碗的工作誰不稱羨？我無言。誰會認為關在雞籠裡的野馬會開心呢？若野馬也變成了雞了呢？要經歷多少消蝕、變形、扭曲、去勢？由野馬變身為雞的存在，是創傷的誕生。若野馬原本就負傷，那就更是複雜的傷痛了。

一杯澄黃的花草茶，陪我度過雷電大雨。

今天可以交帳了。

2020/7/2

跟以前一樣，早上不想起床。目前的日子不是我喜歡的樣子，只是為了活著而活著；對於經歷孩子自殺，努力活下來二十年至今，現在的狀況令人擔憂。我原本有些理想，想為自殺者或其遺族做些什麼事，因為我是自殺者遺族。這段倖存的歷程，彷彿是在地獄走了一遭，返身從鬼門關回來。這個經驗改變了我，我知道有一群人，跟我一樣（曾經）活在陰暗的角落。

因緣起伏，我回來臺灣，在一個失去所有的土地上，重新開始。對於年過半百的人，重新開始可不是好玩的事。有人說，你在英國拿了學位，也讀跟心理相關的，為什麼還走不出來呢？這是一個很難解釋的問題。

首先我得找個理由讓自己願意起床，面對夏日灼熱的太陽。

半哄半騙把自己叫下床，我尋找著讓自己今天活下來的理由。我有十八小時完成這個任務，還有時間，不必急著死。

昏沉地度過早上，今天學校營養午餐附有水果小番茄。我一直對小番茄情有獨鍾，欣賞那一顆顆紅通通的生命。它的好處多多，一個網站註明能「防癌又解便祕」，還有許許多多營養素，「具有清熱解毒，生津利尿，涼血平肝和降低血壓之功效」，還有可能延緩老化！

哇哇！這麼正能量的水果！原來潛意識裡我是怕死的，原來我內在還有想活下來的細胞。至少，明早我不必坐在馬桶上咬牙切齒地哀號。

沒錯，別嘲笑我，要自殺的人也是有這樣分裂的情結；他們一面想死，一面又計畫著明年去哪裡玩；他們可能一面草擬著自殺的計畫，晚上還跟朋友約著吃好吃的。這種心靈的分岔，一點也不足為奇。

看在小番茄存在的可愛，我就藉口找到了理由。

明天歷史還會重演。但我期待真的有一天，我能歡喜地跳下床。

2020/7/3

坐在辦公室電腦前，我想忍著不哭，但忍不了。

憂鬱是症狀，它要告訴我哪裡不對了。我得在臺灣重新開始，有穩定的薪水是第一步；這樣我下飛機才知道要落腳到哪裡。兒子死後一年，我離了婚，資源掉到水平面以下，二十年來我過著流浪漢的日子。曾經覺得自己像是下水道的老鼠，曾經像乞丐般在外席地而睡；夜晚，不是休憩，而只是孤單地等待日出。

我過怕了遊民（homeless）的生活；每當在路上看到無家可歸、以街頭為家的人，我的心就糾結起來。沒有人知道他們是如何走到這樣的田地，但我不想成為那樣，所以我得努力工作。然而在經濟壓力之下，做著一份教自己陷入憂鬱的工作。

這是怎麼回事？我不是要努力活下來嗎？我不是努力要重建結構嗎？為什麼事與願違？哪裡不對了？

憂鬱也是內外在互動造成的，雖有生理器質的因素，心理與社會因素更不容小覷。我天生就容易憂鬱，年少時喜歡灰濛的天氣，若沒有創傷經驗，可能頂多就是一個多愁善感的人。不幸地，某個暴力經驗下身心崩潰了；更加不幸地，孩子自殺死了；然後，婚姻結束了。

其實我回到臺灣，最需要的是休息、療傷；尤其回到臺北，彷彿回到自殺的現場，我得從那裡踏出第一步、往前走，因為我的生命在那一刻就凍結了。但我沒有一個安全堡壘（secure base），我不能停下來，為了吃飯，卻掉落進一個極不合適的鐵飯碗。我感覺生命力的流失，坐在這裡，一點動力都沒有，好似一隻掉進例湯的蒼蠅，陷入昏迷，載沉載浮。

這是怎麼回事？我不是要努力活下來嗎？我不是努力要重建結構嗎？為什

麼事與願違？哪裡不對了？

有多少自殺者遺族，像我一樣，過著荒腔走板的生活？他們如何在破碎中，勉力向前？當中有多少人，曾經重建廢墟，卻因著各式緣由，生命再次塌陷？他們若選擇結束自己的生命，我一點也不驚奇，但我更想知道，是什麼支援著他們活下來？

孩子死了已成過往，活下來是對自己的責任。今天我累到找不到活著的理由，但也沒有去死的力氣。暫時到此為止吧！明天再來。

2020/7/4

今天是小學的畢業典禮，我極不願意面對的場面。我的孩子就是在小六畢業後跳樓的……。來到這裡工作可說是因緣匪淺，處在臺北同一行政區，同樣是小學，還好不是同一條街，要不就忍無可忍了。

剛來的時候處處看到鬼魅，那些精力旺盛的小鬼，一年級到六年級，滿場跑著。這裡對我很挑戰，光是這個記憶就夠爭戰的了：那是過去，現在是現在；那是他們，不是他；那是別人的孩子，不是我的；那是，那是，那是……

過去的幽魂常在眼前浮現。

我被分派在校門口量體溫，那些小大人，幾乎可以想像他們長大的樣子。當年我的孩子也有點像青少年的模樣了……。我口袋裡放著他的一張照片，他有著靦腆的笑容，已經不是小小孩的無邪天真。

天氣好熱，我的氣息在空間徘徊。

告訴自己，去買杯珍珠奶茶。圓圓的珍珠沉澱在杯底，很踏實的感覺。我在英國的時候，只有在中國城可以買到珍奶，是日出茶太，當時一杯大約要兩百臺幣。一杯在手，總教我心頭小鹿亂撞。是故鄉啊，那一顆顆的珍珠；是思念啊，茶水在我口中流竄；是奶水也是淚水，有家歸不得的傷痛，化成對未來的懼怖。

臺北這些年多了好多茶店，每每經過，我都忍不住眺望。在那清涼消暑的飲料杯身後，我看到過去、現在、死亡與生命；隔絕與再相遇；那橫越地球約一萬公里的路程；那跨越今生與彼岸的緣分。

2020/7/5

覺得今天渾渾噩噩過了一天。

禮拜天我會去一個團體，裡面的人會分享生命的故事，有血有淚、有說有笑、有歡唱、有低語、有悲傷也有死亡。我是一個愛哭的人，在一般心理團體可以自在地表達淚水，但在這個特別的聚會裡面，不太自在被看見。我原本就是一個很private的人，加上心中背負著許多沉重，覺得很脆弱。後來漸漸知道很多人也跟我一樣曾經破碎過，大家對哭泣這件事情很放鬆，你哭倒在地上打滾還會有人拿薄被幫你蓋上，我才逐漸放下心中界線。

失去孩子在我的臉上烙下一個深刻的記號，那就是眼袋；我的眼袋不是年紀造成的，而是長期哭泣所致。有時看著保養眼睛產品的廣告，我就懷念我那雙曾經明亮緊緻的眼睛。每個女人都愛漂亮，但我回不去了，我已經把一串串的珍珠都獻給孩子了。前陣子遇見同樣失去孩子的母親，也都哭腫了雙眼，淚珠就像雨下，讓人懷疑一個遺族要哭多少，那個思念、不捨才會逐漸退去？

似乎都得用桶子來裝才夠。

而哭泣後在眼球上的血絲，像是浮出地表的小蚯蚓，教人怵目驚心。二十年後的今天，我的眼睛也不耐哭了，很容易疲倦乾澀，常常覺得眼睛也碎了。

不過我還是希望有那麼一天，我能微笑著思念孩子，那時候，也許我就可以把眼袋割了，重新做個美麗的女人。

2020/7/6

寫著活下來的理由才近一週，卻覺得有幾世紀那麼長。

一直覺得臉書像客廳，各方好友來到這個雲端客廳，相聚、聊天、看看、走走、逛逛。只是在這裡我常迷路，常不知道到了誰家裡。當人問我有沒有臉書時，我總說很少用，要不是被逼到牆角，也不會來到這裡。原本只想透過宣示，強逼自己與想死的拉力對抗，但看見友人的回應、紅心、加油、打氣，覺得滿好的。

活著不難，但也很不容易；要死很難，但也沒那麼難。生之趨力與死之趨力，是生命的謎。曾看過一則新聞報導，一個年輕女孩活不下去了，去廟裡求問神，是否她命該絕。沒想到竟獲三杯應允，她就自殺了。我常想到她，當一個人想死到都不確定自己是否該死的時候，是何等景況！她可能想盡方法要活下來，發現很難；想去死，也很難，無路可出。我不知道當她看到三杯應允的時候，是何等心情？當她意識到自己離開身體的時候，如何感受？當意識帶著她回顧這一生的時候，失去身體的她，如何嘆息？也許當她意識到後悔的時候，卻來不及了。

我相信很多人都想死過，其實，想死是很普遍的事。我還記得我孩子的一雙鞋，好好地擺在十六樓大樓的頂樓。我不知道他走過那狹窄的貓道時，是何等心情。連他的鞋子都安靜無比。

他是個好孩子，連死，都不在自己家裡，保住他的家不成為凶宅。

我沒辦法在那個家住下去。如何在那個客廳，繼續沒有他的日子呢？真的沒辦法。很多人在親友自殺後，搬離原址，在原來的地方過不下去，當然還有其他原因。

其實在這十幾年流浪漢的日子，我過的是另一種死亡的生活。不過回到人間，最大的心願是給自己買一個家，不管多小。希望有一個客廳，讓我可以看著他的遺照發呆，讓我可以邀請好友來相聚。

2020/7/7

昨天在報上有兩則自殺的消息。若我不曾因自殺喪親的話，大概不會有什麼感覺，甚至會落入八卦，去臆測當事人的八點檔細節，對當事人或與之相關的人批評論斷一番。

我想他們的家屬一定是極度驚訝、極度憤怒、極度傷痛。

我孩子的自殺上了當天媒體的頭版，我覺得當眾被打了一個巴掌，似乎要對全世界道歉才能平息那個羞愧感。這個當眾被赤裸裸羞辱的經驗，在我心中烙印下罪人的記號；我覺得當眾被脫光了衣服，而且成為一個沒有臉的人。

我永遠不會忘記那一天，許多豺狼虎豹闖入了我（們）的空間，肆意搜尋著可捕殺的獵物。家裡許多陌生人，有員警、記者，還有葬儀社的人。員警要我到樓下確認死者是兒子，我失神地問著，救護車有來嗎？有急救嗎？……來過了，走了，因為沒得救了。記者要的當然是聳動的新聞，孩子的一幅畫被專家詮釋為有自殺的跡象，連我的《死亡心理學》都被列入是兒子閱讀的書，描述種種註定自殺的遺跡。一個葬儀社的人在我耳邊叨絮著牌位啊，如何最經濟啊，甚至隔天有員警找好記者要約我到外面談談……

怎麼可以這樣！

這是什麼世界啊！

他們憑什麼！

當時我非常需要家人朋友的幫忙，我非常需要有人保護我，我需要有人跟我站在一起，我需要有人幫我把這些人趕出去。當時只有一個女性友人陪著我，我哭倒在她的肩膀上；面對這群人，我當然失神了，成為一隻被宰殺的羔羊。

這一天，我的世界崩解了。

這一天，一個自殺者遺族誕生了。

這一天，非自願地，開啟了我日後不堪的生活。

2020/7/8

今天又有自殺的新聞，是一家產業公司的主管。新聞描述著聳動的文字，我不喜歡，需要說到「腦漿四溢」嗎？「墜樓身亡」應該就可以了吧！

我孩子從十六樓跳下去，先掉到一臺公車頂上，然後彈落到旁邊的小客車，小客車後窗玻璃都震碎了。然後他滾到地上去，聽說造成極大巨響。

我接到消息趕到家時，他就已經躺在路上，面朝下，可看到些微血漬。這是我第一次看到屍體，不，我應該說，死去的身體，因為我拒絕相信他就這樣死了。我還記得當時懷疑這一切是不是夢，怎麼調皮到這種地步……。我希望他可以起身，拍拍身上的灰塵，然後跑回我的懷中。只要站起來，我就會原諒他；我只要他給我機會，繼續作他的母親；我只要夢醒，然後也請他原諒我。

還記得那天是大熱天，六月。

他肩膀的骨頭露了出來，腳踝也見骨，手臂許多裂痕。一道血絲掛在臉上……。員警作完筆錄後，准許我們把他帶到殯儀館。我們幫他穿上厚厚的外套，怕他在冰庫裡面受冷。

這個重力撞擊，已經超出我的理解，直到今天仍是如此。我只知道，那一天他掉得比電梯還快，六月的那一天，他的細胞全部碎裂，永遠離開人間了。

只是，我還沒辦法放手。

我每天都到殯儀館去，請管理員幫我打開冰櫃。裡面都是死去的身體，我一點也不害怕，因為我來看孩子，我們是一家人。打開拉鍊袋，一天，兩天，三天…，他的臉逐漸因冷凍而變黑、變硬，臉上看似微笑的靦腆，也退去了。

他成了冰柱，他還是我的孩子。

目睹自殺現場的遺族，很難消化那個畫面。那是創傷的記憶，需要被處理。那個主管的家人、大樓的管理員、員警、醫生、急救的人、路過的人，可能都會看到這個畫面。

一個人的自殺，會「生出」多少遺族？我們是一群沒有臉的人，我們失去說話的能力，甚至可能失去活下去的勇氣。

我是自殺者遺族，今天是我生日，我還活著。

2020/7/9

今天打開電腦，前日疑因被性侵而自殺的新聞依舊在網上流傳，涉入關係的當事人、配偶、某社運人士、任職單位等人，各執一詞。外人很難清楚真相，當我們想了解到底發生了什麼事，可能捲入羅生門之中，發現，事實有許多種，而且互相矛盾。

作為自殺者遺族，我覺得大家可以做的，就是不要八卦，不要指責，不要揣測，不要落井下石。就只是單純地祝福每一方；是的，包括那個眾人所指的。

我知道很難，但請容許我有這個願望。

當我孩子自殺那一天，一個關係不能夠算是親近的人打電話指責我，說我孩子會這樣，都是我的錯。我無力跟她說話或爭辯，我也不想跟她解釋什麼，因為站在她的角度，她不會看到互為衝突（contested）的真相。當時我的重心只能放在為死去的孩子做些什麼。

那時有個教授是出家人，我去請問他，孩子這樣死了，怎麼辦；他在哪裡，他處在什麼狀態，我可以做什麼。這是我第一次失去至親，三天都依靠罐裝的營養素支撐，他幫我打開營養素，因為我的手沒力。師父說的內容我似懂非懂，我呆在原地，我記得希望他幫我把孩子從陰間帶回來。他們不是會作法嗎？

拜託。

但我沒說出口。我怕為難了老師。

孩子死後沒多久，為了葬禮的事我和他父親都爆了，讓在場陪伴的妹妹不知所措。也讓另一個孩子很為難。曾經，我們都可以為了這件事殺了彼此。

很希望明天不要再有渲染報導。

他們需要空間；他們需要時間；他們需要喘息；他們需要發洩；他們需要安靜；他們需要慈悲；他們需要忍耐；他們需要面對；他們需要療傷；他們需要止痛；他們需要哭泣；他們需要冷靜；他們需要吃飯；他們需要睡覺；他們需要關愛；他們需要支援；他們需要了解；他們需要發呆；他們需要空白；他們需要整合；他們需要離開；他們需要回來；更重要的是，他們需要活下來。

請給他們需要的。拜託。

2020/7/10

今天覺得很疲倦，來自職場的不友善。

從英國回來後，經歷很大的文化不適應，什麼都很辛苦，食衣住行都是。最辛苦的，是來自於人的對待。其實只要有人的地方，就會有人的問題，但我因為經歷過創傷，抗壓力不如從前，若環境中有負面的能量，我會特別難受，若有不友善的人，我會覺得特別孤單。

我需要一個安全的環境，需要被接納，被支持，被鼓勵。

然而我工作的地方，卻不具備這些，反而有著導致我生病的殘酷對待。首先，沒有人知道我的過去，也沒有人有興趣。他們不懂我心中所背負的，他們只看到我表現不如「常人」，對我很失望。有些人尖酸刻薄，一副藐視我的態度。我知道我得先養活自己，勉強做著這份不適合的工作。在這個處處會想起死去孩子的小學，我盡量隱忍。早上我默默地上班，下班後默默地離開；其實我失去了語言，失去一套生存於社會的語言。

再來，他們不知道我的文化經驗與文化衝突，他們以為我故意擺爛，有人在我背後傳揚我的壞話。我們的文化脈絡不同，他們視為所理所當然的，對我卻是陌生與困難。沒有人知道我處在這樣的衝突裡，他們對我的工作態度有很負面的評斷；日益加深的惡性循環，讓我有苦說不出。有人故意排拒我，面對敵意的攻擊，我沒有多少力氣防衛，但我的心在顫抖。

若再跟他們說我是自殺者遺族，他們大概會笑掉大牙，我一定會被批評得體無完膚。

我沒有勇氣面對這樣的冷漠。

我不知道他們希望我是什麼樣子，但我知道，我很難變成他們想要看到的樣子。我只能先做我自己，只能先活著。只是在這樣的環境，很難活得好。

一個遺族要活下來，除了哀傷輔導、心理重建，還需要有一個良性的外在環境。經歷了自殺失落，遺族的人格結構也七零八落，像我就失去了人格的防禦力，那種感覺就像是站在標靶中間，四處飛來刀劍，世界變得很不安全。

其實我不知道怎麼解套。還好明天就是週末，我可以暫時喘息一下。

2020/7/11

自殺者遺族的英文是suicide survivor或survivor of suicide，是由美國研究自殺學的學者史奈德曼（Edwin Shneidman）所提出，泛指「因自殺死亡事件而遭受痛苦的人」。survivor可中譯為「倖存者」，但若譯成「自殺倖存者」會與suicide attempt survivor混淆；「自殺者倖存者」也不通，「自殺者遺族」可算是最貼近的翻譯了。這詞在文意上指著被遺留下來的族群，但沒有英文survive文意上所含的，歷經艱辛存活下來的不容易。學者研究認為survivor蘊含賦／充權（empowerment）的概念，但說真的，我（們）沒有選擇。

沒有人願意成為自殺者遺族。

我在倫敦時曾參加當地的遺族團體，SOBS（Survivors of Bereaved by Suicide），每個月有一到兩次的開放式同儕團體，每年都有一次大型的聚會。

我的第一次年會，坐在一群同樣失去孩子的父母當中，這是人數最多的一群。另外有失去父母的、失去手足的等等。This is the club that we don't want to belong……，我們每個人都不想要來這裡，但也只有在這裡，我們可以遇見彼此。什麼都不用說，我們知道那種hellish的經驗，那種被火焚燒的歷程。我們當中有種默契，我們坦然說著自殺死去的那個人，他的名字他的過往他的掙扎他的生命他的歷史，還有，我的思念我的悲傷我的不捨我的眼淚我的心碎。

這是唯一一群，讓我相處起來最自在、最放鬆的一群人。沒有人要你走出來，沒有人要你忘記自殺者，沒有人要你振作起來，沒有人要你面對未來，沒有人要你努力加油。我們只是簡單地聚在一起，珍惜這個特殊的因緣。

我帶著這個身分認同回來臺灣，想尋找這個族群，因為這才是我歸屬的族群。然而因為文化中對於死亡的否認與自殺的禁忌，華人的遺族更是隱藏。我曾經很害怕人家會指指點點，任憑論說我的孩子為何自殺，那是我的致命傷（Achilles' heel）。我不知道是否有一天，我能公開站在眾人面前，而不羞恥害怕罪惡焦慮，或者當我遭受責難時，還能安然自在。

我不想躲在研究者的面具之後，我想忠於自己的經驗，勇敢敘說發生的一切。希望有一天，臺灣能有讓自殺者遺族自在現身的空間。

今天我為遺族未來的空間活著。

2020/7/12

今天一個女人跟我分享她的故事，她為自己生命故事訂下「破碎與蛻變」的主題。在她堅強的外表之下，我感動她勇於分享脆弱（vulnerability）。其實要述說／聆聽一個創傷的故事是很難的，不僅述說者需要再次打開傷口，再說一次發生在生命中的事，聆聽者也要有被創傷撞擊的準備，要能聽見那難以忍受的經驗。宣稱與見證（testify and witness）從來就是波濤洶湧的事。

過去對納粹集中營的研究，曾有人對被擄猶太人的經驗敘說提出質疑。那種慘絕人寰的經驗，沒有人了解，沒有人受得了，就有人認為一個婦女的敘述中，說錯了營區煙囪的數量而質疑其所言的可信度（accountability）。還好有人跳出來說，重點不在實際煙囪數量是否符合事實（fact），而在經驗的真實（truth）。

有人形容自殺者遺族的經驗是個人的集中營歷程。這個隱喻很貼切。

光是要說「我是自殺者遺族」就夠難了。在英國第一年，我逐漸跟一個德國的女學生熟稔起來，課業快結束，她要回國去了。在分手之前，我勇敢地跟她提了失去孩子的事情，沒想到她臉色凝重說我嚇到她了。原本以為我們的友誼，我可以不必再隱藏，但顯然她並沒有準備好。

這不是她的問題。

要述說這個經驗原本就很難，因為無法評估出櫃的代價。這是我心中至深的祕密。當有人問說我有幾個孩子時，常常覺得很為難。要說一個嗎？兩個嗎？通常他們會再追問，現在他們在做什麼……。只有輕描淡寫地帶過。他們會再問，你在英國多久？讀什麼？做什麼？我沒辦法只當個孤島，說了許多無心之言（non-truth），到最後，我不知道我跟誰說了我的過去，還有我說了多少。

其實生命很脆弱，每個人都是。自殺者遺族不是最可憐的，但只有當事人現身說法，外界才能逐漸看見。而且，只有他們才有權力詮釋本身的經驗。只是這樣的創傷故事不是每個人可以消化得了的，聆聽者至少得準備擺上眼淚，讓心被攪亂（若不是再次破碎的話），允許這個脆弱在彼此之間，震動心中的堅固營壘，讓這個脆弱幫助我們更柔軟，讓這個脆弱化解彼此的距離，讓我們成為更像人的人。

脆弱，其實是生命的禮物。今天這個勇敢的女人，讓我看見生命的美麗；她幫助我活過今天，我今天為自己的脆弱活著。

2020/7/13

自殺者遺族中最大的一群人是失去孩子的父母。記得當年我坐在SOBS年會中，父母的那一個圓圈最多人。有些人的孩子是成年後自殺的，我不知道這些父母是怎麼存活下來的。

我的孩子自殺時十二歲；懷著十二年的記憶，已經夠沉重了。我懷念他的臉孔、他的眼睛、他身上的氣味、他的體態、他的聲音、他的笑容；我在照片中尋找他的過往，在房間中回憶我們曾有的過去。他活在人間十二年，我掙扎了二十年，才勉強往前踏了一步。這樣已經很難了；而這些人，他們的孩子成年了，有些成家了，有些甚至有自己的孫子了……。他們怎麼走過來的呢？我記得坐在那裡，喘著氣，我無法想像懷抱著二十年、三十年、四十、五十年的記憶，然後還要活著。

那幾乎不可能。

我博士研究的對象是英國在地的自殺者遺族，其中一個女人失去他的弟弟，在敘說她的歷程時，她提到母親的嚴重憂鬱。年輕的她可以去上班，有自己的家庭，有自己的生活圈，老邁的母親只能每天呆坐著，不知為何兒子要自殺，她失去了為母的依靠，失去生活的盼望，也失去存活的結構。

我們其實都不想在那裡，也希望其他人不需要到這裡來；但我們又因彼此的在場覺得有人了解，我們的脆弱讓我們不孤單，我們知道有一群相同經驗的人。原來天底下到處都是破碎的父母，破碎的孩子，破碎的手足，破碎的伴侶，還有姑叔侄伯、朋友、同學、鄰居，還有警消、醫護人員。遺族有多少？十根手指頭不夠算的。

我們就簡單地依靠著彼此，沒有口號沒有宣言。其實我們都有兩個願望，一個就是希望自殺沒有發生過，一個就是想辦法活下去。因為經歷了至親自殺，彷彿我們也可以這麼做；在一個看似無縫堅固的世界裡，有人卻憑空消失了。所以遺族也是危險族群。這也就是當有人對遺族說，振作起來吧！往前看吧！忘掉過去吧……，是多麼殘忍的事情。

今天，我選擇為了彼此活下來。

2020/7/14

這種夏天熱到讓人發慌，整個人都要溶解了。孩子死時是六月天，從他死後第一天開始我就進入一種異常的狀態，魂不守舍，卻又異常地安靜。我看著路上的人，他們來來去去、忙碌依舊……。等等，我想叫住他們，跟他們說，我兒子死了，你們不知道嗎？你們怎麼好像這一切都沒事一樣？等一下，世界不是結束了嗎？為什麼你們還不停下來？我站在斜坡上看著這個人間，覺得被踢出了世界之外，我和現實之間隔著一層紗，一切都霧霧的，不清楚了。這樣隔絕的感覺持續了兩個月。

每天除了去殯儀館看他之外，我還為他唸經，在他的牌位前放上他愛吃的東西。在殯儀館外面，我守著一張桌椅，我不懂任何儀軌，只憑著一顆愛孩子的心。記得有一個道士在現場為別人辦事，他還看了我一眼。離開之前我還會要求管理員讓我再看一次孩子。幾天過後他不禁嘀咕，說看一次就好了，我央求他，說我是他的母親。這樣失魂的親人，他應該也看多了吧。

告別式當天，看著躺在棺材中的他……，臉上有著厚厚的粉，勉強像個人樣……。天啊，這根本不是他；是他，但不是他……。他的哥哥把最心愛的熊熊送給他，然後進了火爐。這是我們最後一次看到他。之後哥哥捧著骨灰，帶著他走上另一段路。我當時很難接受一個好好的孩子變成一團灰，摸著骨灰罈外面照片中的臉，我還是希望這只是一場夢。每當掃墓時節，摸著他的照片，感覺很心酸。

接下來，開始面對沒有他的日子，但世界早已經離我而去。有些人很訝異我怎麼還忘不掉，有些人不知如何面對我的眼淚，我們之間有著難以理解的距離，這距離只能用緘默來撐住。

寫到這裡我已經累了，我起身為自己泡一杯英式奶茶，等待今天炎炎的尾巴過去。

2020/7/15

有事可忙也是讓遺族活下來的理由。忙著照顧自己、家人，忙著工作，或者忙著照顧其他需要幫助的人。但這得慢慢來，而且最好忙得有意義。

一開始，遺族是需要被幫助的。她不需要人家說振作起來，不需要人家以善意為名，行push之實。她需要人家照顧她的三餐；需要有人幫忙做家事；她需要有個肩膀可靠；她需要有一張床，疲累的時候可以躺下來。哀傷是很累人的，尤其是至親自殺，生命的連結硬生生地被切斷，關係的肌理頓然被撕裂。

這無比地痛苦。

這樣沉重的經驗外人無法理解，也難以接受。尤其當告別式結束之後，世人就期待你要回到日常生活的軌道。他們不知道，遺族得面對另一個歷程的開始。這個世界看似一樣，但那個人已經不在了；我們在人群中搜尋他的身影，我們想著他若活下來，現在是什麼模樣。我們處在世界的裂縫裡，一個物質的世界，一個情感的世界，這兩個搭不上，我們落在一個無人之境（no man's land）。

那是一個非常孤單的處境。

然而，為死去的人哀傷，是我們能為他們做的最後一件事了。在那個無人之境，遺族與死者為伴。弗洛依德說將欲力與失落的對象脫離，投注到其他客體的理論並不適合自殺者遺族。日後我將再說「連結理論」（continuing bonds），那才是遺族需要的。

遺族的淚水是止不住的，那種哀哭是世上所沒聽過的嚎叫。

我自己曾經那樣。

喪親的頭兩年，我整個人當機，生命停擺。慢慢地，五年，十年，我才開始抬起頭來看看人是怎麼活下去的。在這二十年當中，從完全的破碎到逐漸建立起結構；但破碎與結構之間永遠是個拉扯，好幾次我掉入破碎的核心，走不下去。今天，我無法容忍沒有意義的忙碌。這個書寫成為我的意義，成為我忙碌的重心，我不只為自己而寫，更是為其他的遺族所寫。我希望透過這樣的公開表達，讓人看見遺族的倖存歷程。

今天我為這個公開書寫的文本活著。

2020/7/16

二十年前因為孩子的自殺上了頭條新聞，被當眾打了一個大巴掌的羞恥感跟隨了我好久。我覺得我是個罪人，是個魯蛇，是個殺人兇手。那時身邊有兩位解行兼備的老師，一個在大乘佛法，一個在西藏密教，他們引我進佛門，給我靈性上許多幫助。我知道我的生命出現了很大的問題，這件事才會發生，我很認真地皈依佛法僧，懺悔、唸經、持咒、迴向，透過這樣的修行來面對一切。若沒有他們，我可能不在這個世界了。

曾在某個道場中，儀式過後，師父發給每個人一個糕點。我掉下眼淚，因為我不配，我很糟糕，我不配這個恩典。然而，我也感受到無條件被接納，與無比的愛。那時學校師生也發起募款，工讀的圖書館也給我極大的空間，讓我慢慢地完成工作。我體會到有一群人愛著我，他們盡他們所能表達對我的支持；我對人類之間的愛才有稍許經驗。

曾經對於自己在孩子未成年時做出生命道路的轉向，而忽略到他們的需要，疏於照顧他們，感到無比罪惡。有人試圖規勸我，他的自殺不應該由我負全責，理智上我了解，但情感上很難原諒自己；到今天還偶爾會想到說「假使……如何如何」。

「假使我等他們長大再去讀研究所，也許他就不會自殺了……。」

「也許那時候我忍耐一點，努力做個賢妻良母，也許他就不會自殺了……。」

「也許那時候我守在家裡，他就不會自殺了……。」

「也許前一天我打個電話給他，叫他不要擔心，也許他就不會自殺了……。」

許許多多的「也許也許」。

這個遺憾是每個遺族背負的十字架；我們只能猜測他為什麼自殺，但我們永遠找不到答案。過去有不少人問我，孩子為何要自殺，這個問題讓我無比痛苦。我當然知道人會自殺主要是痛苦，但我的「知道」最多只是臆測而已。這樣的問話也常常帶出我的罪惡感，也讓我覺得被指責。

從古就有人自殺，它一直是生命結束的方式之一。除非涉入致人自殺的嫌疑，遺族是無罪的。絕大部分的遺族是清白的；自殺，只是發生在人間的悲劇事件而已。不幸的，遺族卻得背負許多情感的重擔繼續往前走。

今天我選擇，為了那些曾經幫助過我、愛我的人活下來。

2020/7/17

兩年前我剛從英國回來的時候，感覺自己長短腳，這是一種內在極不舒服的感受。我的生命在二十年前嘎然而止，之後我彷彿進入了鯨魚的肚腹，過著不在人間的生活。我活著，但對一切都沒有興趣，我生命的重心完全在這個失落的療癒上；我彷彿進入了冬眠。在英國我研究自殺者遺族的歷程，這個博士論文很難，因為跟自己息息相關，我靠著意志力撐著，最後身體只好用當機的方式逼迫我停下來。我走走停停，當時唯一的想法就是，只要完成這個博士論文，我就可以活下來，就沒有什麼可以難倒我了。

誰知道，真正的考驗才要開始。

我發現，這個世界已經不是我當初所處的世界。我跟所有的一切格格不入。我覺得有兩個我，一個是英國的我，一個是臺灣的我；一個屬於現在，一個屬於過去。這兩個我之間有著巨大鴻溝，整合不起來。我也和自己的能力隔絕了，我知道我有能力，但卻拿不出來。那情形就好像一個廚師，他想煮飯，但怎麼找都找不到鍋鏟；一個廚師若煮不出飯，他還能做什麼呢？

去年我曾經好希望能回到過去，孩子還在的過去。我有點困惑，怎麼在不斷面對，走了二十年的歷程，也繞了地球好幾圈之後，我竟然還是希望可以回到孩子存在的過去。怎麼辦？我猜這樣的困惑是再創傷（retraumatization）所造成的，回到創傷現場，需要許多支援；在許多條件未到位的狀況下，我只能勉強撐著。我相信不少遺族跟我一樣，只是勉強撐著。許多人會選擇離開自殺的發生地，永不再回來，但命運卻把我再拉回到這裡。

其實在英國八年的時間裡，我已經療傷到幾乎復原的程度，感覺有個新生命在開始。若說我的生命是一棵樹的話，二十年前這樹已被攔腰砍斷了，而在隙縫處長出細小的新枝枒。這是一棵很奇怪的生命樹，好的是它還沒死。我不確定這還是一棵樹嗎？我自己也不知道我（會）變成什麼，我只是努力地活著。

長短腳的人是走不了路的；某一天，我覺得我的長腳變短了，我站在生命的廢墟當中，原來，我還得從過去中止的地方再爬起來。

這是一個幾乎不可能的任務。我暫且為這個任務撐過今天吧！

2020/7/18

每天要找一個理由活下來，其實有點累。我很懷念以前充滿活力的日子，曾經有讓心蹦蹦跳的事情——表演、舞蹈、電影、藝術，連靈性的修練都是一件很有意義感的活動。根本不需要想辦法活下來，一客下午茶，一頓美食，一杯咖啡也可以是雀躍的物；活著是一件天經地義的事，理所當然到連想都不用想。

其實若不是自殺所帶來的破碎，我大概會一輩子認為人生就是生老病死。誰知道，人生可以直接從生跳到死，而且不管什麼年紀。那個過去自以為是的世界（assumptive world）已經不存在了，人間不再安全，壞事隨時可能發生，死亡可能比明天先到，這當然是創傷失落所帶來的改變。

當我抬起頭看著處處可見的高樓，我腦中會想著有人跳樓；當我看到路上被警示帶圍起來的地面，我會聯想到一具摔壞的身體；有些樹會讓我想到人吊在上面的樣子……。火車站月臺是我常保持警覺的地方，因為要死是那麼的容易。當你經歷人的脆弱之後，堅強，似乎是一件虛假的事情。

我不要求自己要堅強，但希望自己可以有韌性（resilient）；也就是不管大風大浪，被打倒了再站起來，即使當下可能爬不起來，但不要失去勇氣。這二十年，我人生的大部分時候是黑白的，偶爾有彩色的片刻。過去我曾告訴自己不要自殺，因為我不要親友經歷我所經歷的痛苦，那是一個道德的決定。只是有時我累了，我會想，為什麼要撐著這麼辛苦？我死了，有誰會為我哭泣呢？我這樣說當然不是說我現在suicidal，而是對生命奧祕的提問。這只有自己才能回答。

曾經有一個遺族朋友跟我說，她很大的痛苦是回不去過去的日常（normality）。這是個被焚身的經驗，疤痕永遠存在；也許在外我們看似平常人一般，但回到私密的世界，只有那個疤痕與我們相伴。

我曾經尋找孩子自殺的原因，那個探究讓我活著，有專注的對象。現在我不找了，我接受所發生的一切，只是要繼續活下去，而且要活得好，我得努力建立情感網絡與支持系統。

我繼續尋找與這個傷痕共處的智慧與勇氣，希望可以走到生命的終了。

2020/7/19

今天有人跟我分享他踢到銅牆鐵壁的故事。一個在雲端的人，因生命際遇跌落谷底，如何再站起來？人間充滿了各式各樣的邊界經驗（boundary experience），個體面臨自我的極限，走到生命的盡頭——也就是走投無路的景況。死亡、重病、破產、身敗名裂……都是。邊界經驗集結痛苦、破碎、恐懼（fear）、羞恥、脆弱（fragility）、黑暗於一身。

遭逢至親自殺也是邊界經驗；自殺發生的那一刻在遺族的生命中畫下一道明確的裂痕。當我介紹我自己，或寫履歷時，我總得從那個片刻開始講起，而不是照著生長的時間次序。也就是，發生自殺之前的我，和之後的我。這個defining moment是任何遺族都無法不面對的；這個defining moment改變了我，也改變了每個遺族。

每個邊界經驗都是大考驗，而且常是超過自我（ego）所能承擔，在這裡，個體會經歷憂鬱、無力、瘋癲、想死。曾經在這個邊界上，我同處人世與冥界、生與死、光明與黑暗之中。我的世界一片茫然，眼前一片漆黑，所有支撐個體生活的條件都退到身後，只剩下自己。那不是理性的經驗，也不是理智可以處理的；我所能做的，是一步接一步，一天接一天，活著。

當肉體、心靈（mind）都沒辦法的時候，只有轉向靈性（spirituality），在邊界經驗更需如此。我研究的英國遺族，每個人都是靠著信仰來消化這個自殺失落；因為我們不懂這件事怎麼會發生在自己身上，我們難以接受親人永遠不在人間，我們不知道如何度過未來的生活。

我曾想，為什麼死的是孩子，而不是我？我寧可用我的生命來換取他的，因為他年輕，他可以有美好的人生，他可以有自己的家庭和孩子。為什麼死的不是我？我曾跟神不斷地爭執，我曾對神很憤怒，為什麼祂容許這種事發生？祂為什麼不拯救我的孩子？當我抱著他摔壞的身體哭倒在地時，我問，「你在哪裡？」我覺得被神處罰，我曾經走不過這個邊界。

要能從邊界經驗走出來，不是靠自己，而是靠恩典。但自殺遺族永遠說不出，這個傷痛是神化妝的祝福，只因為我們不得不走出來，因為死神就在角落等著；我們只能與「死之欲力」（death instinct）對決，那是遺族滿天烏雲的一線曙光。

我等著有那麼一天，烏雲退去，陽光再度露臉的時刻。

2020/7/20

自殺遺族需要面對的許多強大情緒，憤怒是其中一個。憤怒自己、憤怒家人、憤怒指責我的人、憤怒死者，還有憤怒神。

我生氣自己沒有注意到孩子的痛苦。其實每個想自殺的人都會透露出訊息，當時我並沒有聽懂，以為孩子故意講話來氣我。現在我對自殺的訊息很敏感，但已經太遲了。我生氣自己沒有保護他，沒有站在他身邊，沒有讓他知道有事我會撐著。I failed him.

自殺也在生者的世界中，造成極度對立與分裂。事發之後，我忍住口，不問他父親與哥哥，當天早上、前一晚、前一天、前一週，發生了什麼？他們對他說了什麼？我的心淌著淚、流著血、也著了火。血債不是該血還嗎？我相信他們對我也一樣地憤怒，認為都是我的錯。這是一場羅生門，激烈的話會賠上三條人命。當天晚上我們關在各自的房間，無法面對彼此，更別說安慰彼此了。這是很難堪的。原本得一起面對的災難，卻把我們打得七零八落。自殺後許多夫妻離異，我們也是，我的家庭關係原本有著難解的問題，因此更是打上死結。

我也憤怒那些指責我的人。孩子是從我肚子中生出來的，沒有人會比我更痛。前半年我每天哭，淚水像是壞掉的水龍頭……，一直流流流。我好愛這個孩子，他是嬌弱型的男孩，很貼心，我們有著類似的氣質。要指責別人是多麼容易的事；我猜他們一定認為我糟糕透頂，我需負全責。沒有人能想像，每個遺族都是受害者。自殺學之父史奈德曼曾說，「自殺者將他心理的骸骨放在遺族的情感世界裡」（The person who commits suicide puts his psychological skeleton in the survivor's emotional closet）。每個遺族都被火焚身，都是受害者，包括那個眾人所指的。

雖然我知道孩子很痛苦，我也生氣他沒有給我機會，生氣他放棄了我，生氣他放棄了自己。我生氣他把自己摔成碎片，永遠不成器了。

我也憤怒神讓這種事發生。祂不是全能者嗎？祂為什麼不出手呢？祂為何掩面呢？祂為何放棄了我？為何遺棄我們？

這麼炎熱的夏天，加上炎炎怒火，挺難受的。我轉向巴哈，靜聽他的無伴奏，冷冷的樂音，陪伴我的憤怒。剛剛好。

2020/7/21

當我說遺族是受害者，並不是說死者害了我們，而是指自殺失落這件事。自殺者遺族的失落歷程是很獨特的，與其他方式的失落很不一樣。首先，自殺不預期地發生，遺族感受強烈的震驚。

當我接到孩子跳樓的電話時，我實在不敢置信，我心想這真是個惡意的玩笑……，但他父親的口氣告訴我，有事情發生了。我心裡忐忑不安，跳上計程車，五十分鐘的車程，感覺有一世紀那麼長。我不記得我在車上跟哪些人聯絡，但我記得當我下車時，空氣中一股嗶然的氛圍，那是只有大事發生時的喧然。那一秒鐘，我的心一沉，我知道，我的孩子出事了。路上兩邊都是人，因為空間一股巨響。

走到樓下，鄰居看到我，趕緊叫我上樓。然後整個家裡都是人，那些尋找可吞吃人的野獸；我的世界陷入完全的混亂。雖然看到孩子的遺體，還是很難相信人就這樣死了。佛法說人死後進入中陰狀態，那幾天我闔眼午睡時，幾次聽到大聲響，那應該就是孩子墜樓的聲響，我知道他在我的身邊。我跑去行天宮，他們要我離開，我不是很明白，大概是他們不管死人超渡的事；我也跑了佛堂，跑了許多地方，像個瞎眼的陀螺。告別式之後，才慢慢接受孩子離開的事實，又過了許久，我才能慢慢地將那個在心中的記憶盒蓋起來。

再來，死亡是社會的禁忌，自殺更是忌諱與被汙名化的死亡方式。遺族很難開口跟別人說，他是自殺死的。那股濃濃的哀傷，在我們的心中縈繞，從早到晚；叫遺族的哀傷歷程成為無比的困難與複雜。我們來不及說再見，那是難以承受的告別；在許多暗夜我們無法闔眼，我們心中許多的「為什麼」和「如果如果」。我不是要把自殺失落神聖化，而是自殺的汙名化的確導致遺族難以開口，就算開口了，能理解或回應的人少之又少，甚至還會被指責或評斷。

我的母親曾對我說，「孩子選擇離開，把他忘了吧！」父親說，「別再想了。」我的手足不知如何回應，處在他們之中，我大多只能緘默。我覺得自己的歷史沒有被接納，我的失落沒有被認可。我不怪他們，但在這個失落的過程當中，我無比的孤單。

然後是現代社會的進步取向，讓遺族不能慢慢來。哀傷輔導的任務論與階段論，暗示著要在某個時間長度，終結這個哀傷。我猜研究者在提出相關論述時，並沒有指稱這一定是個線性的歷程，那原本是文字／語言的特性。但若用理論來核對遺族的哀悼歷程，是反因為果。

大部分的人都期待我要向前看、往前走；一個人不能永久緬懷過去、悼念死者，因為，我們都有未來在等著我們。然而，真的是這樣嗎？

遺族深受自殺失落所苦，這個創痛（傷）是我們一輩子的功課。我們的生命懸止在自殺發生的那一刻，我們的世界被擊得粉碎，我們最不需要的，就是忘記過去努力向前，因為我們哪裡也去不了，我們也走不遠，我們只能在失落的幽徑之中，學習擁抱自己。

能夠做到那樣，就算不錯了。

就在今天，我選擇為自己倖存的歷史活著。

2020/7/22

遺族除了羞愧感（shame）之外，還會經歷不少罪惡感（guilt）。下意識的，遺族因此認為自己需要被懲罰，因為血債要血才能償還。

我們非常需要說出這樣的羞恥與罪惡，我們需要聽者能夠只是聽，不要評斷，也不要否定這種感覺，只要做個見證者（witness）。我的英國遺族友人，曾在朋友當中說出自己的罪惡感，但朋友安慰說，「不不不，你沒有錯，不要這樣想，這不是你的錯，這樣想無濟於事⋯⋯。」她說，當時她好想罵髒話，連要說我覺得有罪惡感都不行嗎？

失落初期我經歷大量的哀傷，沒有多餘的精力去面對羞愧感與罪惡感，但這種感覺在我心裡持續很久。我認為自己沒有做個好母親、好太太、好女人，我曾經認為自己是殺人兇手，這個手中染血的罪惡感，在我從英國回來的第一年非常濃烈。回到這裡——再度回到自殺現場，我覺得對不起孩子的生命，我非常地焦慮，即使在心裡已經很明確孩子也原諒了我。我也覺得對不起老天，竟把自己的生命給搞砸了。我在生命很多重要的關卡都做錯了決定，許多在當時自認是正確的選擇，事後才看到自己錯得多離譜。嗚呼，好個自私的人，真對不起那些因我受苦的人，搞得孩子得用這麼暴烈的方式結束與我們的關係。

我是何等的罪人！

雖然我沒有陷入感覺需要被懲罰的動力，但長久以來，對生命不再熱情，我只是歹活著。學者尼德蘭（William Niederland）曾提出的「倖存者的罪惡感」（survivor guilt），許多留下來的人常覺得對不起死去的人——為什麼死的不是我？比如從集中營倖存回來的人，經歷許多創傷的反應，導致憂鬱與許多身心的症狀。我的憂鬱可能也是一種極為被動的受罰狀態，不讓自己快樂，不讓自己享受生活，不讓自己放鬆，而成為一種慢性的憂鬱。

其實活著比去死還難，每個還活著的遺族都應該給自己肯定。我今天還活著，可以說是神蹟；若我能求到好死，也會是神蹟。

為了消化這個複雜的經驗，我要繼續活著。

2020/7/23

遺族的痛苦程度與自殺者的關係有很大的關聯。與死者越親近，或與死者的關係愛恨難解（ambivalent），哀傷歷程會走得特別辛苦。

我和孩子的連結很深，我們的個性很合，他死後我很想了解他經驗了什麼。一個週末，父母與手足安排去遊樂場，我其實無心玩樂，內心空洞，無神地跟著大家走。但我選擇雲霄飛車，尤其是那個會爬到高頂然後近乎直線俯衝而下的。原本是一般人體驗刺激的活動，對我卻是接近他死亡的經驗。我的身體被安全帶綁著而免於一死，但我不甘心他就這樣粉碎了。

有一天在關渡的山上，炎夏的午後，我趴在一塊大石上，我希望我的身體消融，化到泥土裡；因為孩子化成了灰，我要去找他。我趴了許久，任我怎麼對地府宣戰，冥界的門就是緊閉著。這教我恨。

曾經希望能夢見他是我最大的想望。在夢境中，我們會一起做著一些事，很溫暖、很自然，彷彿我們仍舊生活在一起。那份愛還在，那份連結還在。現在夢見他的次數變少了，我依然常在夢要消退的那個剎那，驚醒過來，感受到現實中巨大的失落。我都不想張開眼，好想再回到夢境裡，繼續我們的母子緣。夢見他的那一天，我都會特別的憂鬱，因為好想他。

人與人的依附關係（attachment）有四種類型：「安全型依附」（secure attachment）；「焦慮矛盾型」（anxious-ambivalent）；「逃避型」（avoidant）和「混亂型」（disorganized）。孩子與我曾經有著安全型的連結，我相信在他生命後段，這份安全的連結斷裂了。沒有好的依附關係，人很難活著。No man is an island……。我是個失敗的、失格的母親。

自殺者選擇離去，留下生者獨自去面對這份斷裂的關係——有話沒說清楚的，有架吵到一半的，有生氣到賭氣的，沒能好好說再見真教人恨得心癢癢。少數自殺者用死來表達對生者最大的抗議，但大部分自殺的人，其實是痛苦到極點，他們連自己都顧不了，他們已經進入到一種狹窄的視界（tunnel vision），看不到其他可能。他們不是故意要傷害活著的人，他們只是想結束痛苦。

只是越愛他的，就越哀傷。

其實，我們的愛與思念，是給死者最大的祝福與連結。曾經看過一部電影，當一個死去的人再也沒有人思念他的時候，他就永遠消失了，完完全全不見了！有些失去孩子的父母，會想要把孩子生回來，因為這個失落教人無法忍受，這樣的想望是遺族想要抹除自殺失落帶來的剝奪與傷痛。

因為他死了，我更要活下來；他在我的心中永遠有個位置。我要持續愛他，為他短減的生命活下來，而且要活得好好的。

2020/7/24

也許因為自殺失落是超過人所能承擔的，遺族往往得透過信仰來走過這個災難。在這個失落經驗裡，我了解到人格心理學的限制。它雖然讓我知道自己內在的結構，給了我一個工具來分析心理的問題，但面臨喪子的悲傷歷程，一點也不夠用。我不需要知道我的人格有問題，我也不需要知道我的內在成人受傷沒有力量，或者我的內在父母解體（人際溝通分析，Transactional Analysis），我也不需要知道我的家庭系統扭曲等等，導致自殺的發生。

弗洛依德雖然提出個體「潛意識」，但那是一團黑麻麻的實體（entity），充滿壓抑、禁忌的慾望、黑暗、不滿足，與許多我們不願意承認的東西。他把人類自殺的「能力」歸諸於死之欲力，對於哀傷復原的論點也非常有限。榮格在他之上提出了「集體潛意識」，這是在個體意識與潛意識之外，人類共有的深層連結；這個論點認為集體潛意識支撐著我們的存在，而且透過世代相傳（a collective, universal, and impersonal nature which is identical in all individuals. This collective unconscious does not develop individually but is inherited），才勉強把人類的命運牽在一起。換句話說，有人自殺了，你不能置身事外（當然你可以，但實際上你不能）。

超心理學也不見得可以完全幫到遺族，因為我們最重要的是要接受這個失落，並且學習活下去。宗教就更不用說了，常是教遺族傷痛與困惑的場域。什麼自殺不能好死啦，遺體不能抬入家門啦，會成為厲鬼啦，不能公開埋葬啊，永生下到地獄啊，有罪啊……等等。

又或者，你能想像自殺者是同志嗎？又或者遺族是同志？他們如何在反同志的宗教信仰裡尋找安慰、求得恩典？這裡我扯遠了，但我只是想點出律法主義的可怕。其實神並沒有定罪自殺者，這些都是在遺族傷口上撒鹽的殘忍論述。

我們需要為自殺者準備一個葬禮；
我們需要親友來告別；
我們需要一起談論自殺者；
我們需要有人懷念自殺者；
我們需要心中有自殺者；
我們需要有人一起同哀哭；
最後，
我們需要良善的神。
唯有愛，遺族才能活下來。

2020/7/25

假使身邊有人自殺了，一個人卻不因此難過、哀傷或悲痛，他還能算是遺族嗎？這要由當事人決定。

就我所知，在我孩子自殺以前，我的伯伯、嬸嬸也自殺死亡。當時父母並沒有清楚告訴我們，但隱約中我們知道發生了什麼事，現在想想，那時怎麼知道的，已經不清不楚。伯伯死去時我應是成年了，記憶裡爸爸在葬禮中捧著他的遺照，我記得那時很心疼父親，想著他要如何面對這個失落。我對伯伯的自殺完全無感，對當時的我而言，那只是人間的一樁死亡事件。嬸嬸的更早，我的家完全沒有回應。

現在想想，好希望父母那時跟我說清楚。緘默、迴避、不願談論，是我原生家庭應對的方式，這樣的態度讓我覺得自殺是很見不得人的事。

一直到自己的孩子自殺，我才成為一名遺族。現在我才能體會，伯母和她的孩子可能經過的歷程。聽說伯母每天得去泡溫泉，我猜失落在她的身心上烙下沉重的負擔，得用溫泉來釋放身心靈的重擔，還好她三個孩子都在身邊。而嬸嬸則留下四、五個未成年的孩子給叔叔。日後，未曾跟這些堂輩手足們交談跟自殺有關的話題，我不知他們怎麼面對的，但我相信他們當中有些人，曾經度過漫長的靈魂暗夜。

研究者喬丹和麥金托許（John R. Jordan and John L. McIntosh）定義自殺者遺族是一個人遭逢某人的自殺後，經歷生理、心理與社會的壓力，而且持續了一段時間（someone who experiences a high level of self-perceived psychological, physical, and/or social distress for a considerable length of time after exposure to the suicide of another person.）。個體因為生存，會把不必要的苦惱／難抵拒在外，防衛機制會過濾那些與我們沒有關係的自殺事件，因為生活不能被打擾。只有當至親或有利害關係的人死亡時，自殺才成為一件有意義且需要被關注的事情。

這是很現實的。成為遺族也是萬不得已的。

那一天，我成為一個沒有臉的人。我的名字與羞恥掛勾，我的人與罪惡等同，我的歷史與時間同消逝，我的獨特與死亡同埋葬。

那一天我成為瘟疫，所到之處盡都被我汙穢。我成為代罪羔羊，為社會所不容。我成為病灶，為人間所隔絕。

那一天，我腳下的世界裂出巨縫，把我吞吃到地裡去。我的身體虛弱，心裡憂傷，靈裡茫然。我的生命成為碎片，我的存在成為笑話，我的未來成為一片空白。

而這個身分會跟著我一輩子，直到生命終了。

今天，容我選擇為著這個身分活下來。

2020/7/26

孩子死後的初期，對他的回憶最難處理。我把所有照片找來，把他的身影全部剪下來，蒐集在一本冊裡。每一頁有許許多多的他，首頁是他出生的照片，末頁是他的小腳印。許許多多我熟悉的笑容、我熟悉的身影，從零歲到十二歲，面對著我。現實中我失去了他，在這本書冊裡，我保留了無數的他。

然後，我把孩子有關的東西收放在一個置物箱裡。我不能留太多，只能保留，有他筆跡的作業本和一些玩具。我從不知道人可以戀物到這麼厲害。

以前從文化研究讀到戀物的論點，不甚理解，現在才知道戀物的背後都有個創傷或失落，藉由物試圖要留住一份情感或記憶。

那段時間我也大量的書寫，邊寫邊哭，又哭又寫；密密麻麻的草寫，成就幾本筆記。我也留存了當時的新聞報導。那是我的潘朵拉之盒。曾經打開來幾次，每次都以眼淚收場。

沒有一件物是輕鬆的，即便是輕薄的紙張；觸摸這些物總是沉重無比，即使是可愛的小童玩。

完成我的博士論文《自殺情結——以敘說與劇場探詢的遺族研究》（*Suicide complex: a narrative and theatrical inquiry on suicide survivors*）*之後，希望自己有一天能有勇氣打開這些筆記的扉頁，寫一本書。誰知道這個一天找一個理由活下來的書寫計畫竟跑在前，也許是天意吧。博士論文主要研究英國幾位遺族的歷程，雖然花了篇幅反思己身是遺族又是研究者的雙重角色，但學術性的客觀要求，我站在一個相對「安全」的位置，只略微揭露自己的經驗。畢業

---

* 有興趣的讀者可從以下連結下載摘要與全文 https://repository.essex.ac.uk/32696/

後，我有個心願是把那些筆記寫成一本書，但總沒有勇氣。當時我覺得得等到自己的生活穩定，有了支持的結構再來進行，因為潘朵拉的盒子裡面有瘟疫、有怪獸，還有末日的災難。

先前呂欣芹小姐寫了《我是自殺者遺族》，將她所研究的遺族改寫成「故事」。我這個書寫是自傳體，從一開始我就出櫃了，也就是說無處可藏；過程彷彿進入迷宮與牛頭怪（Minotaur）一決生死，得有亞莉亞德妮的線球（Ariadne's thread）才能全身而退。

今天就為了我的盒子活著吧……，至少裡面還留有「希望」。

2020/7/27

目前我所讀到關於遺族的論述，都把遺族當作是一個靜止不動且同質性的族群。自殺發生了，因此而痛苦的一群人成為遺族，他們的哀傷歷程獨特，不能用一般哀傷輔導處理。就只有這樣，只有一套論述。

這樣是不夠的。

遺族的需要跟著年歲、喪親時間長度有所不同。想想，未成年就失去父母，跟成年後失去父母會有多大的差別？失去父親或母親，對兒子或女兒來說，也有著不同的意義。一個失去母親的女孩跟我說，在成長過程中她失去了母性角色的學習對象；在婚禮上沒有母親為她穿戴白紗，成為她最大的遺憾。正值壯年的父母失去孩子，相比發生在老年期的父母身上，哀傷歷程也不可一概而論。

遺族是由一個個的人所組成，他們都被自殺失落焚燒過；他們是有血有肉的個體，而不是一個數字。他們特別需要關注，尤其是自殺帶來的汙名化與禁忌，要出面求援需要特別的勇氣。然後他們可以找到的資源與支援卻少得可憐。這些年臺北馬偕醫院陸續舉辦過幾屆的自殺者遺族說故事團體，提供遺族一個敘說的管道，但只是短短的兩、三個月，因為經費考量，並沒有後續（長期）的支持團體。

而且遺族是會長大、變老的。我記得在寫博士論文時，算了算，孩子死了十二年了。我意識到這個數字會數一輩子，當下非常複雜的感受。我現在的需要跟許多剛喪親的遺族不同，我經過了強烈的歷程，在整合的路上跌跌撞撞。我現在已經不需要人同理我的哀傷失落，而是如何拾起破碎的生命，活出不同的意義。我的結論是，失落復原與人生際遇互為因果，若路上多天使，復原之路將指日可待。

天使，當然不是從天而降。

我主張自殺失落的頭一年，需要的是類似急性期的救助，遺族可能沒辦法工作，失去食慾，短暫喪失功能等等，需要幫助他們重建生活結構、了解哀傷的反應、接納強烈的情緒、與照顧身心的需要。接下來的二至五年間，面臨常態性的空缺，需要幫助遺族整合記憶，提供表達的空間來敘說生命的故事，建立起對自殺與生命的新觀點。這階段尤其要注意的是遺族對自殺／失落負面詮釋的內化，被社會隔離的孤單，與敘說故事的困難。長期的話，遺族則需要找到新意義與目標，找到貢獻相關經驗的機會，比如參與對遺族的研究，或投入自殺者遺族的社會運動，或自殺防治的領域等等，來維持因失落而來的人格／靈性的正向改變或成長。

這不只是精神衛生領域的事，也需要教育與相關政策的制定來解決體制上的空缺。而家族與社區，則可以在微觀上協助遺族，建構起一張安全網。

天使，就是人間的你我她／他。

我們需要看到遺族走過曠野，死裡復活；讓彼此看見，要活下來，是有可能的。如此才能鼓勵彼此，暗夜會過去，終有陽光露臉的時刻。

我為著這個可能的未來活著。

2020/7/28

前幾個月我被生活磨得很挫折，有點不想活了。作為一個喪親十年以上的遺族，我的困難已經不是「走不出來」、「看不開」、「放不下過去」，而是如何建構活下來的意義。我無法容忍無謂的忙碌，膚淺的交談，與虛假的關愛。一路上我很努力，也覺得盡了自己所能，還是開展不了生命的格局。我知道自己的困境很大部分是受限於外在的資源，因著資源的短缺，而逐漸侵蝕內在身心的強度。

孩子自殺後一年，我離了婚，失能兩年，後來才把研究所論文完成畢業。這個自殺完全打亂我的生活，我不知身陷何處，只知道我在一個前不著村、後不著店的路上。那段時間我經歷了經濟上的拮据，我曾經站在麵包店門口，數算口袋中的零錢，連買個糕點我都要踟躕再三。我不想再過那個捉襟見肘的日子，也不想成為無家可歸的流浪漢，但這種沒有意義的存活著，不是我所想見；我的內在總有一股怒氣。

人會有想死的念頭是難免的。史奈德曼提出了「靈痛」（psychache）一詞，來形容想自殺的人所經歷的精神痛苦。歐巴哈（Israel Orbach）分析了有自殺想法的人，他們常經歷無法忍受的情緒和痛苦覺受；其中意義的喪失，與自殺有很深刻的關聯。其實這不是新論點，看看意義治療的創始者法蘭克（Viktor Frankl），經歷集中營殘酷的對待，理解到意義對人存在的重要。若法蘭克跟許多被擄的猶太人一樣，忍無可忍跳上鐵絲網把自己電死，今天就不會有這個偉大的治療法存在。

我無意跟偉人相比，我沒有那種高度的性格與眼界。二十年後我建構不出一個有意義的存在，面臨遺族生涯的危機，卻是事實。遺族活得越久，意義的問題就越醒目。只是當眼前的生活似乎尋找不到意義的時候，我們是否給自己時間等待？是否跟命運下個賭注？是哪個賭注？是堅持不放棄？還是「認賠了結」？

我受夠了！我不想再撐了！我看著淡水河——那個潛意識的呼喚，回歸生命本源的安息……。來吧！結束吧！

我真的好累，這是二十年來我第一次明明白白地說，我想死，而且接受自殺是人可以理性選擇的方式。

我的心理醫生放出林姆斯基——高沙可夫的《天方夜譚》交響組曲，對我說起《一千零一夜》的故事。我一向喜歡古典樂，細膩的樂音在空中繚繞，震動著我脆弱疲憊的心靈。我掉下眼淚，我承諾我會再試試看。

我還為著這個承諾活著。

2020/7/29

兩個月前我報名一個基督信仰團體舉辦的喪親團體，叫「伴你走憂傷路」，這是關於「傷逝的歷程與轉化」的團體。課程分為三階段，各是「震驚」；「面對」；「接受」。三階段又細分為九個部分：「承認失落」；「承認哀傷」；「經歷哀傷（一）」；「經歷哀傷（二）」；「回顧過往」；「總結告別」；「調整空缺」；「重新上路」；「歡慶生命」。今天是第八堂，然後一個月後我們會再次相聚「慶祝」。

我是裡面喪親最久的，其他人都是三年以內，每個人失去的對象不同，方式也各異。也許跟失落時間長度也有關係，我的情緒比較少，也比較沒有眼淚；多的是對自己哀傷歷程的回顧與反思，對許多作業也較沒耐性，因為需要已經不同了。在這些夥伴身上，我看到自己的過去，曾經走著類似的哀傷歷程，曾經身處在孤絕之境。在一個失去孩子的母親身上，看到一個哭腫雙眼、泣不成聲、無法接受失落的母親，她哭腫的面容，映照出二十年前的我。

這一切都會過去。

不過若二十年前有人這樣跟我說，我一定聽不進去。有太多的震驚、難過、不解、哀傷、不捨、痛苦。這個歷程都要當事人以自己的速度去走。雖然我相信信仰是一個人接受失落的終極管道，不過還要仰賴貼切地詮釋聖經（若是其他法門則是其相應經典）。如何不讓經文來否定當事人的經驗，尤其是情感的經驗，而是了解人類在當代社會的狀況與需要，讓信仰智慧幫助我們走過低谷。

在遺族倖存的這二十年，佛法與基督信仰在不同的階段給了我不同的幫助。我這條命是眾人救回來的，能活到今天，完全是神的恩典。

今天的主題是「重新上路」，老師安排了愛宴，每人準備一道菜。這是兩個月來第一次大家比較放鬆的交談，摘下口罩，我們才看清楚彼此的臉。

能一起吃飯真好。課程結束了，吃飽了好上路，繼續該完成的旅程。

2020/7/30

法蘭克提及當年被送到集中營時，拿出藏匿的手稿，對獄卒說那是自己的心血，獄卒唾棄把他的手稿給毀了。他回溯記憶，把重點寫在小紙片上，之後發展出意義治療法。在被虐的漫長日子中，他得知自己的父母與妻子都相繼死去，但他還是鼓勵其他人要活下來。在這樣不堪的環境中，他曾經「想像」著自己在未來，對著一群人演說／分享存在的意義。這個「希望」讓他活過慘無人道的日子，更可貴的，他依舊認為世界是美善的。他並沒有成為一個咬牙切齒，或主張以牙還牙的人；他變成他想像的樣子，造福許多人，成為人類的模範之一。

在受難以前，我們常以為世界都是我們想要的樣子，以為要像大家一樣，快快長大、快快賺錢、成家立業、家庭美滿、父慈子孝、要當人間的勝利組……

一切理所當然；無止境的名單，無止境的慾望。

孩子自殺後，我的世界一夕之間崩解，我沒有標準可依循，在世間載沉載浮。不久，我回學校上課，課堂上討論著死亡的主題。死亡，一直是文化研究的大主題，過去我以為能書寫死亡或創傷論點的人，似乎都很厲害。經過近距離地與它交手之後，我受不了言不及義的紙上談兵，不懂理智討論人間的災難有什麼意思，一句話不說，我起身離去。死亡與創傷對我而言，不再是抽象的狀態，也不再是研究的對象，而是成為生活的一部分。我受不了人們將死亡美化，或者無謂的哀嘆。對我而言，死亡殘酷又醜陋；創傷，彷如黑道，教人害怕又無力抵抗。

研究者奈米爾（Robert A. Neimeyer）在哀傷治療裡面也提及重建意義的重要。我們看似能掌控自己的生命，實際上並非如此。當災難來臨時，我們需要透過敘事，來重建自己的生命故事；在破碎、失敗之中，用藝術性的表達來建構生活所需的一致性與連貫性。遺族需要的，不僅是精神醫療的照護，還需生命的指引——要如何把破碎的生命狀態，拼湊成一幅可理解的圖像。

破鏡已難重圓……我想像，也許有一天，我生命的碎片可以拼成一幅馬賽克，能這樣，也許就不錯了。

今天我為這個可能性活著。

2020/7/31

昨天我打開了潘朵拉的盒子，抽出一些過去書寫的紀錄。二十年來我斷斷續續地寫，有一些主題重複出現。從初期的哀傷、悼念、尋找「為什麼」、了解自殺、接受強烈的情緒；約五年之後學習接受逝者已矣，與破了洞的世界一同生活，照顧自己的身心靈；到逐漸肯認創傷性失落在生命中的正向改變，與意義的建構。

這一路從情感的抒發，到理論的理解與建構，滋味各不同。在書寫博士論文的過程中，我逐漸知道，不是我在寫，而是我被寫，這個經驗在書寫著我。現在我進入己身經驗與理論交融的階段，要整合許多文字與情感，認知與經驗。雖然痛苦，但這是我回到臺灣之後必然、也必須面對的。

這成為我中年之後的主題曲，也會是後半輩子的主旋律。

幾年前，我認識了一個英雄——胡哲（Nick Vujicic）。他天生沒有手腳，青少年時經歷過憂鬱、沮喪與想死的念頭，網路上有他敘述意圖自殺與一路成長的影片。相信任何人看到他，都會覺得備受鼓勵。若連他都可以活出精采的人生，為何我不能？後來他成為宣揚基督信仰的大使徒，出了幾本書，有個美麗的太太和幾個可愛的孩子。他的「沒手沒腳沒煩惱」宣言（No arms, no legs, no worries）顯示出生命整合的泰然。有人在我生命低谷時，送我一張卡片，上有胡哲的照片和他的一句話「你現在也許看不到出路，但不表示沒有」（You may not be able to see a path right now, but that doesn't mean its' not there.）。換句話說，路是人走出來的。

當我在低潮時，常常拿出這張卡片，鼓勵自己，安慰自己說，任何艱難都會過去。

是的，會有那麼一天。

2020/8/1

我開始整理過去的文字，一切從二〇〇三年六月二十四日開始。這些文字充滿了原型情感（archetypal affects）的重量。榮格曾說當一個人急切地說著什麼，聲嘶力竭，口沫橫飛，到了人我不分的時候，常是被情結攫住的狀況；這是幾近瘋癲的狀態，彷如在夢境之中。也就是個體的精神狀況已超過自我所能涵容（contain），而「落入」本我的範疇。一般人讀到本我的論點總以為那是高深的、更寬廣的、更高級的，某方面是這樣沒錯，因為本我可以修正（compensate）自我的自以為是。然而榮格也提到面對潛意識的危險，像他就提到尼采的瘋狂，由《查拉圖斯特拉如是說》（*Thus Spoke Zarathustra*）的文字可以看出。

榮格也提到每個人都有兩個我——「一號人物」和「二號人物」（No. 1 and No. 2），成功整合兩個，個體將更成熟，最糟的是兩敗俱傷，以瘋狂收場。

今天我重訪曠野，依稀記得當時的哀傷、沉重、憂鬱……。我不知道讀到的人能忍受多少，有多少人聽得進去，但我決定要說。也許我該立個警示牌，This is not a playground.

復原尚未成功，兩個我仍須努力。頸項上的癢與熱，是戰火的煙硝；昏眩，是光明與黑暗的爭奪。我的身、我的心、我的靈，我的神，四位一體，封在燒瓶中。我一輩子沒看過煉金術，今天，我為我的新身分——煉金師，活著。

2020/8/2

面對潛意識或者過去創傷，得冒著生命危險，尤其有瘋癲與自殺的可能。這陣子我一直懷著巨大的憤怒，說暴怒也不為過。2007/12/17在馬偕醫院舉辦的遺族說故事團體最後一次課程，我寫著：

> 最近我過得有點辛苦，我懷疑自己是不是撐不下去了。我知道自己生病了，卻不知道是否能痊癒。憂鬱症狀好多年，今年底卻特別難熬。我常在內心呼求神：請賜給我勇氣、智慧、慈悲與能力，幫助我站起來，醫治我的心。我希望神有聽到，希望祂們能憐憫我。說真的，我不清楚這幾個月來為什麼如此煎熬；有時有些力氣，但更多時候是無助、痛、苦、與茫然。人生望去，大家都苦。

每一次想到那件事，我不禁就顫抖起來，內心發抖著。那件事太可怕了、太大、太不可思議、太不可置信、太衝擊、太⋯他媽的，這種事怎麼可能發生呢？為什麼死的人是我兒子呢？我真的得罵髒話來傳達內心作嘔的感覺。我不希望這件事的存在，我希望它永遠沒有發生過，我希望這輩子沒有與「自殺」交面過。自殺，是死神嗎？它是什麼？為何它會存在人間？有誰可以告訴我？神，你可以告訴我嗎？為何要有自殺的存在？我的生活因此不得安寧，甚至，搖搖欲墜。

他媽的！

這股能量不可小視，也不可輕忽。這暴怒我壓抑不了，我只能在心中給它一個位置，涵容它（containment），與它共存。但這麼大的憤怒在神經系統造成很大的負擔，在書寫這一百零一個活下去的理由的歷程，我得好好照顧自己，慢慢來。尤其在面對過去的書寫，處在雙重的時空，我的意識要非常警醒。除了轉向神，運用象徵來投射自己的歷程也是我常做的，像煉金術就是一個很好的詮釋靈魂（psyche）歷程的象徵符號。

我能不能順利完成這個書寫歷程？不知道，同時能做的就是，禱告吧！就像煉金師都得說著咒語，才能把石頭變成金，不是嗎？

今天，我為我的暴怒活著。

2020/8/3

我很感謝我能夠打開我潘朵拉的盒子，原本以為一輩子都沒辦法的。這些文字蘊藏著的情感重量，我還是非常熟悉。

兒子百日之後，2003/10/11 我寫道：

你現在在哪裡？你變成了什麼？我知道這是個愚癡的問題，但還是忍不住要問。我摸著你的畫，感受著你的筆觸，好似摸著了你。腦中重複出現一些畫面：你在殯儀館冷凍庫裡，那是我最後碰觸你。剛開始你的身體還有點軟軟的……，第二天去看你，依稀覺得你在對我笑……。漸漸的，你的身軀越來越硬了，還有一些冰霜出現，你的臉色也越來越黑了。我感覺心中有塊石頭，壓著我喘不過氣來。曾經我們可以溫暖彼此，卻因冥陽兩隔而中斷。我好捨不得，好心疼你選擇這樣的方式結束自己，我真希望可以代你承受這一切。原本你可以有個亮麗的未來，你還在成長，一切還在發芽，然而，一切嘎然而止。這個句點好像是由天而降的大石頭，把我打昏了過去。

孩子，我真的好想你，尤其看到歡樂的場合，我更心酸，因為歡樂讓我更為失落，更為孤獨。我尚未走出個人的悲苦，還時時落入執著的情緒與見解裡。曾經想著，你到更好的地方去，那不是每個父母的心願嗎？你到更好的地方去了，差別只是不會以我熟悉的樣子回來。畢竟總有一天，你會走上自己的道路，你會展翅飛翔，你會離巢，我終究要調適自己你遠離的生活……，那麼現在的悲苦，是不是該有所停止？是不是沒有必要？終究每個人只是來走一遭，體會與完滿自己的議題。我只想漸漸不悲苦，我無法不想你，畢竟你出自我血。你是那麼的善良、可愛，你是我見過最甜美的孩子，我如何忘得了你？

我覺得胸口好緊，每當想到你，我身體的反應都是如此，這是極度的心痛。我百感交集，除了失落、悲哀，還有自責、愧疚、懺悔。你在這個烏煙瘴氣的環境長大，變得有點扭曲；我們真不是好父母。你可要記住這個經驗，要找個更好的父母，更懂得愛、更不自私的父母……，這些思念……

我沒有完成那天的書寫，點點點訴說著講不完的話、切不斷的關係。我認為與死去的孩子維持連結（continuing bonds），比把他忘了來得健康。後工業的社會要求人們要有規律的工作時程表，死亡、喪親、哀傷，都不在時間表內。資本主義更把人力量化、利潤化，你哀痛一天，就損失一天的收益。宏觀的政治影響著我們的情感生活。

然而，斯爾曼和卡拉絲（Phyllis Silverman and Dennis Klass）認為順著時間的遷移，找到倖存的意義，比了結哀傷、放手、或脫離連結來得重要。因為死亡而喪親將影響人一輩子，這個歷程不會結束，只是以不同的方式影響著當事人。

孩子的自殺改變了我，也改變了我們的關係。我不會終結哀傷，他永遠是我心愛的孩子。我為我們的連結活著。

2020/8/4

創傷的敘述（traumatic narrative）是很難讀的，沒有近似經驗的人是無法忍受的。誰能看見血而不暈眩？誰能看見屍骨而不驚慌？誰能看見傷口而不疼？

創傷敘述就是這樣，黏膩不絕，幽微重複，婉轉泣訴。2003/10/15我寫道：

很難相信永遠失去了你。午睡躺在床上將醒之時，意識進入，又察覺到這份巨大的失落。這個人間不再有你，你永遠不在這世間，這是多麼大的失落。失去你這個寶貝兒子，我的悲傷如潮水，一波未平一波又起。心痛！心如何能不痛？我是真心愛著你，一直沒有好好愛著你，現在只有悔恨懊惱的份。你是世間的寶貝，也是支持我走下去的力量，沒有了你，我如何能走得下去？兒子，你是鐵了心才離得了這個家！這個家沒能好好養育你，我和爸爸不夠好，沒有福氣擁有你，沒有福氣可以有你終老一生。孩子，我真的很傷心失去了你。

就算我講了千萬遍，我還是會這樣說；就算說了你無法復生，我還是得這樣說。因為這對我太真實了，我真的很難過失去了你，但一切都太遲了。失去了你，我才看清生命的意義；你的死亡，讓我對生命有更深的領悟。但我寧可作個庸碌之人，我也不願意失去你，不願你以生命來提示我這些。我只要你，我只要你回來，我真的很抱歉帶給你這麼多痛苦。我不是個好媽媽，好媽媽應該無怨無悔，一切為兒女著想。但是我只為自己想，我太自私，太自私，我真恨我自己。我太懦弱，不夠格作個母親，你這麼好的孩子，應該要有個好媽媽，我不配。

你可以指責我的自憐，你可以批評我的耽溺，你可以分析我的疾病；但你可以選擇不要看，你可以選擇轉身離開，你可以選擇討厭我。但今天，我選擇為了我的創傷敘述活下去。

2020/8/5

因為汙名、禁忌，許多遺族的故事是被「虛構」寫成。也就是被訪談之後，把所有能辨識出個人身分的特徵抹除，包括性別、年齡、與死者的關係等等，讓讀者不知道當事人是誰，這種模式常見於精神醫學的研究上，出於保護個案的倫理考量。這樣虛構的書寫，是要透過「故事」讓人看見遺族的歷程，表達那說不出口的嘆息。當初我就是呂欣芹《我是自殺者遺族》中的一員，記得當初拿到書，閱讀的時候想要找出自己，卻看到一張模糊的臉孔，不確定自己在哪裡。

這樣的文類，是一種政治性的文類。不虛構，外人無法理解族群的故事；虛構了，某些真實性（truthfulness）被犧牲了。自傳體就不同，當事人有意識的現身，也許是「情勢」的逼迫，也許是個人想呼應某種意識覺醒的召喚，也許個人想要有合一的生命樣態。

但出櫃都有某種的迫不得已，有些代價要付。

在我之前，臺灣已經有一些遺族勇敢地說出自己是遺族，除了呂欣芹之外，我也認識朱妍安，她提出「隙光精神」——隙光「象徵隙縫裡的光芒」，她訪談一些遺族，寫成不同程度的虛構故事。她在基督教的平臺談過母親的自殺，用基督信仰來服務遺族，以基督教義來省思遺族的歷程與復原。這些都是好的，我們需要有更多遺族願意站出來。

我其實是有點被生活所逼的，要不我也想躲藏。人都需要安全感與適當的保護，沒有人想被人指指點點。我也很清楚自己的脆弱，從無心之言到惡意的傷口灑鹽，對遺族都是無比的壓力。

書寫至今，顯然已是一條不歸路。

自殺者遺族需要政府有系統的照護思維，輔以政策性的機制。我其實希望看見有（幾）個服務遺族的公益團體出現，能提供遺族一個固定與安全的空間與服務。目前為止政府對於遺族的照護真的很少，我們需要有人了解遺族的處境與需要，提出相應的、由短至長期的介入，而不只是蜻蜓點水的關懷、若有似無的方案，或是見首不見尾的活動。

希望有一天，自殺者遺族不只是自殺防治的一個小分號，而能有自己的療癒花園。

希望有一天，遺族不用隱姓埋名，而能自在地說出自己的名字。

今天我為我的名字活著。

2020/8/6

我相信很多人在最艱苦的時候，都不是靠自己的力量活下來的；他們會進入一個神祕的歷程，也許長期處在曠野、地獄，或者靈魂的暗夜，只有「神」的恩典可以帶人走過。這個歷程是恐怖的，絕不是外人想像的偉大，因為一不小心就走入絕境；但也只有在末路盡頭，宇宙的恩典才向個體展現與開啟。

2003/10/15我對神有一大串的問話：

我失職，老天應該懲罰我，我是一個罪人，我無顏活在世間，為什麼讓我活著？為什麼？為什麼讓我兒子死去？老天，你有沒有眼睛？該罰的人是我，不是他，他是一個善良的孩子。老天，你是個殘酷的天嗎？你為什麼要拆散我們母子？為什麼讓他死去？我不懂，為什麼死的人是他？為什麼你不能讓他活著？天，你有眼睛嗎？你有看到這一切嗎？這一切罪過全是我的錯，你沒有看見嗎？若你看得見，為什麼由我的兒子來承受？你知道這有多不公平嗎？他才十二歲，他的生命才剛要開始，他將來可以成為正直的人，他可以是有用的人。為什麼不留下他，而讓我這個無用之人留下來？

我必須說，我無法同意你的安排，這一切若出自你的旨意，那我不得不說出我對你的憤怒。天，把兒子還給我，我什麼都可以跟你交換，只要他能夠回來。我希望看到他快樂地長大，天，你聽見了嗎？我很難接受這一切都是命中註定，你一定在跟我們開玩笑！人命如草芥，一文不值，何苦你不放了我們？何苦捉弄我們？天，你若是公義的天，請讓我看見你的旨意，不要只是愚弄我。

我需要理由，請給我一個理由，讓我活下來的理由。請別愚弄我，天，請你回答，請你出聲，請你示現。我需要理由，我無法這樣苟活下去，請幫助我成為有用的人。我不想白活，既然你讓我活了下來，請不要不管我，請一直當我的領導，請永遠與我常相左右，讓我知道什麼是對，什麼是錯。別讓我只是平庸地活著，別讓我失魂地走在地上，讓我知道這一切的目的。讓我的步伐引領我走向真相，讓我走向愛，走向慈悲，走向寬恕。請幫助我作個慈悲之人，原諒傷害過我的人，真心地原諒他們，不要與他們計較，讓我能夠以愛來對待他們。

天，你看似無所不在，為什麼我問話時你卻不語？你竟顧作著你自己，一點不給出聲響回覆。我的天，你有耳朵嗎？你有嘴嗎？既然我們出自於你，你當知我的處境，請你以我所能夠理解的方式示現於我，讓我有力量走下去。若你是個笨蛋，也早點揭開惡毒的面紗，我並不想愚癡地等你，若你不值得我的等候。

請包容我幼稚的言語，我是如此脆弱不堪，一點點小事就會引發我的劇怒，我是如此沒有修養，以致失去了風度。天，若祢存在，請祢與我說話，我想跟祢見面，跟祢說話，我需要理由。我是如此卑微，以至覺得必須匍伏在祢的腳邊，才能勉為其難地面對祢，面對生命。天，祢若存在，請祢不要遺棄我。作為人是這麼卑微，我們的內在必須有祢，否則生活就變成苦刑。唯有祢能讓苦難變成喜樂，讓生活變成修行，只有祢，這一切才有意義。失去了祢，我們只是一具具活著的屍體，我們只是活著，我們活著是這麼多餘。沒有祢，我們只是瞎眼的生物，每天為著生活瞎忙，睡醒吃，吃飽睡，不只徒勞，也是徒活。

天，容許我呼求祢名，讓我開悟，讓我看見，讓我有不同的視域，讓我不再只是我自己，讓我為眾生而活，讓我為眾生需要而存在，讓我成為有用的人。我不要只是當個盲從人，不要只是徒活，我也不能只是徒活。我看見了一半，還需要看見另一半，讓我看見整體；只有看見整體，我才知道自己是誰，才知道身處何境，也才知道應該作出的行止。天，求求祢，既然祢讓我活了下來，既然讓我體會了這些，請就把我鑄成利劍，讓我有用。懇求祢，我至誠地懇求祢，我願做到無我，我願付出自己，因為自己是這麼卑微。唯有付出自己，人生才有意義。請幫助我在正道上修行，神，求求祢！

我很累，但今天我為了我的神活著。

2020/8/7

今天上班途中看到一個美麗的女子，纖細的身材，拿著與洋裝搭配的陽傘。好美啊！我不禁讚嘆。在黑白的日常生活中，需要色彩，需要高雅，需要悠閒，總而言之，需要美。

我算是有品茗美感能力的人，但生活中許多該有的東西尚未到位，克難活著已經很久了。我可能會有不錯的茶包，但我的茶杯碗盤很克難；我可能會有不錯的護手霜，但我的背包有些破洞；我可能會有一個優質的冥想APP，但卻沒有舒適的休憩空間。這種混雜（hybridity）現象是貧富不均造成的，也是新舊交替必經的過程，更是創傷復原的歷程。

一個舊的我破碎了，一個新的我逐漸長成，新的一定長得和過去的舊我不一樣，這其實是很不舒服的經驗。人是習慣的動物，也需要有一種連續感，因創傷造成的中斷，對自我感（the sense of self）是很大的挑戰。曾有遺族朋友告訴我，回不到自殺發生前的樣子，那個在過去曾經「正常」的自己。我自己也經歷了很大的斷裂，自殺前的我和自殺後的我，是兩個截然不同的存在體，難以整合。遺族的內在需要復原，外在環境也要重建，但能不能夠在重建中保有「美」，或者創造出美的空間，則因個人福報而異了。

美具有難以言說的療癒功能，就像我被音樂感動到願意繼續活下來。希望有一天，我身邊能夠充滿美的人／事／物，讓我活得更好、更開心。

今天，我為美（aesthetics）活著。

2020/8/8

我從沒有被霸凌過，一直到孩子自殺之後。並不是說人性變得更壞，而是我的抵抗力變低了。二〇〇七年，在英國完成一年應用戲劇碩士課程，尚未整合的我，不知去哪兒找工作。曾經嘗試回去熟悉的貿易業應徵，有人看著我的履歷，詢問中斷的歷史，我不敢據實以告。若說了我曾經憂鬱、喪子與離婚、也想死過，會有人用我嗎？我只好勉強掛著一張勇敢的臉。那是喪子多年後第一次走出社會，試圖找到一個結構，一個社會的位置。多日毫無所獲，前往一個師姊求援，她給了我一個工作。

師姊是虔誠佛教徒，也給兒子立了永生牌位，我非常感激。她把事業當作修行與佈施的管道，了解這個經驗對我的影響，非常支持與鼓勵，要我一切慢慢來。這種利他的態度很教人感動，我教自己要好好活著，等著未來有一天，也許能回饋社會。有了一份工作，有了起床與出門的理由，但這種前不著村，後不著店，暫居中繼站的生活，非常苦澀。我只是歹活著，找不到活著的真正目的，唯一教自己不要走上絕路的，是不想至親經歷我所經歷的椎心之痛。

在師姊的公司工作一段時間之後，轉往藝術母校某學院任職行政助理。在一切以卓越為導向的環境裡，女院長只看員工表現，無心關愛；同事互相排斥，漠不相理，我覺得孤立無援。半年後我被解職了，理由是我太過負面。之前之後，我沒有告訴任何人我的失落。我曾經有工作能力，有野心，有信心，有夢想，對世界充滿著好奇。我很心寒，不知道要如何在這個無情的社會活下來，我寧可相信女院長的霸凌與同事的排擠，是個人行為，而非總體景象。

再來就是我現在的職場。五年前回到臺灣，得很快要有餬口的工作，來到臺北市的一間小學。因為重回創傷之地，加上返回母體文化經歷巨大的反文化衝突，處在嚴重失語的狀態。我雖然在臺北，卻覺得自己是異鄉人，許多事情我已忘記如何以華人的方式回應，同事對我產生誤解，甚至有惡意攻擊的行止，我卻無力辯解，處處挨打。也許加上我帶回西方的氣質，讓我在那個場域變成怪獸。工作原本可以是幫助人復原的機制，對我卻造成嚴重的傷害。

有多少遺族像我一樣，外表看起來沒什麼兩樣，但需要周遭人士的理解與鼓勵？我們依舊有工作能力，但需要在溫暖人性的環境，重建自己。也就是說，遺族需要有個庇護機制；類似精神疾患，需要在安全、溫暖與支援的庇護環境下，藉由工作與結構感，讓復原之路走得順利一些。讓他們在風雨中自生自滅，於心何忍？

今天我選擇為我的薪水活著。

2020/8/9

這個週末有許多父親被祝福，是一個重要的家庭節日。我知道有兩個男人，他們的父親都自殺過世，這一天，對他們的意義可能不一樣；他們都投入與自殺（和遺族）相關的研究。

喬伊納（Thomas Joiner）在《為什麼要自殺》（*Why People Die by Suicide*）（國立編譯館出版）一書中，提出人際之間的自殺理論（interpersonal theory of suicide）。他認為有三個要素導致一個人選擇自殺：「覺得成為他人的負擔」（perceived burdensomeness），「失去歸屬感」（thwarted belongingness），與「習得致命自傷的能力」（the ability to enact lethal self-injury）。在《關於自殺的神話》（*Myths about Suicide*）一書中，他剖析與自殺有關的謬誤觀點。從他的生涯路徑可以看出，以自殺的方式失去父親在他生命中的轉化。

游賀凱寫成碩士論文《孤獨行者朝向麥田捕手：自殺者遺族的敘說與實踐》，透過生命經驗的書寫試圖消化這個經驗，並朝「開放性探索」的方向前進，也希望能導引遺族「創造自身新的社會關係的可能」。這是個深刻的成長歷程。

我很感謝他們用生命來書寫，他們也都活過他們父親死亡時的年歲。這其實不是一件容易的事情。自殺者的年歲對遺族而言，是個關卡年歲，有時會成為緊箍咒。能看見「資深」遺族生命的轉化，對剛喪親的遺族，是一種鼓勵；他們的存在，告訴我們，要存活是可能的。

我認識其他的遺族起始於馬偕醫院的遺族團體，之後在英國透過SOBS的團體結識不少遺族，也曾參加「美國自殺學會」（American Association of Suicidology，簡寫AAS）的年會。在AAS裡，遺族是個明確存在的分支，由一個資深的遺族擔任主任／董事層級的代表，他們的親身經驗是被尊重的，也成為知識的來源，不像國內有些「專業」人士會用醫療的眼光來判斷遺族的行為，加以病態化的解讀。以我在英國所受的教育與研究我要說，由遺族來述說自身的經驗，才有真正的信度（reliability）與效度（validity)。

今天，我與失去父親的遺族站在一起，也為我還在世的父親活著。

2020/8/10

今天很挫折，覺得好像沙特（Jean-Paul Sartre）《無路可出》（*No Exit*）裡面的角色一樣，被卡在地獄裡，與一群人互相折磨、怨恨彼此，卻無法脫身。我努力讓自己不要陷入憂鬱。人會遭逢憂鬱常是由生活中過多無法消化的壓力開始。除了是症狀之外，憂鬱也是個警訊，若困境無法化解，個體內在的資源逐漸耗竭，嚴重的時候會引發自殺意念。憂鬱雖是遺族常經歷的情緒，不全然可以用精神疾病的症狀看待，而是一個回顧與重整價值體系的機會。

卡繆（Albert Camus）在《薛西弗斯的神話》（*The Myth of Sisyphus*）中開卷寫著：「真正嚴肅的哲學議題只有一個：那就是自殺。判斷生命值不值得活，就等於回答了哲學最基礎的問題。」

2003/10/20我寫道：

自你死後，一切變成空白，一切沒有差別，我失去生命的熱情，我只是勉為其難，讓自己活下來。我只能勉為其難地活下來，我如何容許自己有死的想法？不行，你的死亡帶來這些衝擊，教導我生命的可貴、情感連結的可貴，我不能無視你的死亡帶來的教訓，帶給其他人心碎的經驗。我何能如此大意，僅為求個人的解脫，而帶給親人痛苦？我沒有這個權利，我不能與你走相同的道路。因為我比你年長，我當知道如何活下去。我怎能輕易就放棄？我還得為你的早死負責。我有責任要活下來，而且要活得比過去更好；我有義務要活過這段黑暗，而且要超越它。我要勉力地存活下來，因為已走掉一個你，一個我生命中最寶貴的人，我不能再失去更多，我必須重建，這是一生的重建。我必須在你的死亡中找出意義，我無法讓你就這樣死去。

孩子自殺之後我尋找意義至今，這個意義隨著不同的階段而改變。這是一段蜿蜒的曲折路，有時類似頓悟般，明晰前進的方向，更多時候像是在迷霧中前進，倚靠腳前的微許亮光，走一步算一步。雖然意義常像滑溜的魚，難以抓住，能走到今天，也許可以給自己鼓掌一下。

我為不斷開展的意義活著。

2020/8/11

昨天沒有空找活下來的理由，一天就在混亂中度過了，是職場上的混亂，它吃掉了我一天的時間和能量。這個書寫對我很重要，我設定了要完成一百零一個理由，然後希望可以出版成書。這個想法在書寫一週後開始浮現，每天找一個值得活下來的理由，象徵的意義大過於實質的成果，當然，未來書真的出版了，這個果實會回過頭來澆灌我，成為我之為自殺者遺族歷程的里程碑。

要尋找存活的理由看似耍寶，實際上有其必然。當生命中大多是黑白的時候，需要某種純真才能撐得下去。我得誠實地說，我常常望著空間，眼神是渙散的；看著蒼白的人生，精神是萎靡的；目睹現實中種種的辛苦，情緒常是沉重的；看著周邊冷漠不友善的同事，我的心是寂寞的。

活下去需要這麼難嗎？我從二十年前就已經發出這樣的呼喊，雖然我現在內外的狀況已經好很多，但洞實在太大。像在補破網，永遠補不起來，只能把它當作是一種遊戲，因為若太認真，會發現放棄比繼續來得容易。為了存活下來，我的疲憊不斷累積——不能停下來，永遠都睡不飽，資源稀少的狀況下，一直感覺在耗竭的狀態。

當然，為了生活而辛苦的人比比皆是，我憑什麼哀號呢？

我不知道，但我昨天允許自己放假一天，今天補交作業。我為自己新發現的自由活著。

2020/8/12

當年榮格與弗洛依德分家的時候，陷入瘋狂，付出極大的代價。加上天生有思覺失調的體質，從高處跌落，不知如何活下去，每天靠著玩石頭來穩定自己。幸好太太富有，能保持生活結構的穩定，讓他可以靠著畫曼陀羅來療癒自己，日後成就了《紅書》（*The Read Book*）一冊。曼陀羅就是他存活的象徵符號之一。

失去孩子以後，我長期憂鬱，時好時壞。初期幾年，找到的支持與資源總是不夠，我成為精神科的常客。藥物只能勉強幫助我「撐著」，要改變或改善生命的樣態，還是得從內心做起。孩子的自殺在我的生命中炸出一片荒蕪，除了重建，還是重建，且一直地重建。我沒有榮格的幸運，當年曾為了買麵包躊躇再三，今天能活成這樣，雖然依舊辛苦，但可算是神蹟。

神話故事裡面充滿了許多象徵。比如希臘神話中，奧菲斯（Orpheus）深愛著妻子尤底西斯（Eurydice），妻子死後，陷入悲傷。他到地府去找妻子，一路彈著豎琴，悽楚的琴音讓他順利渡過冥陽之河，連地獄犬也沒有攔阻他。最後，冥王黑帝（Hades）應允了他的請求，把妻子交給他，但有一個條件，就是在未抵達陽世之前不能回頭看她。誰知道就差那麼一點點，他忍不住回頭，永遠失去了心愛的妻子。之後一蹶不振，遭遇被殺，頭顱漂浮在海上，口中依舊叫著妻子的名字。

我不想成為斷頭的奧菲斯，走向失敗的哀悼路程，但悲傷已在我身上烙下印痕。你們有看見被火燒過的臉嗎？不成人形，但活著。那就是我存活的象徵。

我為我扭曲的臉活著。

2020/8/13

孩子自殺的時候，手足決定不讓他們的孩子知道這件事，我當然尊重他們的決定，想他們覺得需要保護孩子。跟人談論自殺會導致他們的自殺嗎？其實不會的，但一般人會有這樣的迷思，其實是出於恐懼。

這個祕密讓我覺得孤單，感覺被排除在外，好像變成瘟疫，人人喊躲。我需要大家的擁抱都來不及了，需要安慰都說不出口，這下只剩下孤寂一人。看著外甥與外甥女，天真可愛，他們哪時候會察覺到照片中的某個人不見了？我生了兩個孩子，大姊與大妹也是，當時我們三姊妹的孩子差不多年紀，照片中都是一對一對的。他們哪時候會開始好奇，為什麼總是少了一個？外甥曾經好奇詢問過，我回說等他二十歲再告訴他，畢竟他的母親跟我交代過。他現在已經二十幾歲了，不知是否知道了？

為什麼我的家人不能跟我坐下來，讓我來說這件事？為什麼他們要沉默？我讓他們丟臉了嗎？我讓他們難堪了嗎？也許他們怕我說了更難過，但這麼大的事情，我怎能獨自消受？他們為什麼不握住我的手，陪伴我，告訴我他們會陪我走過？為什麼他們不看著我的淚眼，跟我同哀哭？

大姊的女兒前幾年曾跟我聊，她的父親過去利用機會跟她們說了。我很好奇他是怎麼說的，何時說的，她們又問了什麼。當時大姊似乎不贊同姊夫的作為，但說了就說了，像潑出去的水，配我死去的孩子剛剛好。

父母家中掛著幾幅全家福，不同階段有不同的孩子與孫子，我常看著照片中那個死去的孩子，他還在照片裡。我兩個弟弟與最小的妹妹後來陸續成家，也都有了後代，他們似乎未曾察覺少了一個人。這如何可能呢？明明就在那裡啊！家族中缺席的那一個，成了一個更難啟齒的祕密。

我不喜歡這樣的模糊，這樣的曖昧，這樣的隱形。我想跟他們說，我生了兩個孩子，死去了一個。我想跟他們說，有一個表哥來到這個家族，有十二年的時間。我想跟他們說，他應該會是一個好表哥。

今天不得已，我選擇為這個無法公開的遺憾活著。

2020/8/14

最近發現到學校有一條新的交通路線，因為路線特殊，有八成的人固定坐這班車。我上車時總是沒有座位，一直要等到捷運站，才會有兩三個空位出現。

看著人上下車，我想著，有人下車了，從此不再上來，像我死去的孩子；有人下了車，卻因命運的安排得再上車，就像我。上上下下，有人專心地玩電動，有人閉目補眠，有人站著，心裡嘀咕著哪時候會有自己的座位。

能下車從此不再上來，去到自己要去的地方，是一種幸福。若去錯了地方，怎麼辦呢？公車裡面的人不會知道，也不會有興趣了解。若因命運得再上車，就要看機緣了，大風吹過後，肯定沒有自己的座位，困惑也難免了。

我剛回來臺灣的時候，經歷很長時間的不舒服，明明是一個自己生長的地方，卻處處格格不入。我心中的眼睛看到自己是一隻彩色的鳥，飛到一個不知所以的地方，然後我的羽毛變得灰暗，我成了一隻疲倦、孤老的鳥。我迷路了，或者說，我不知道自己處在什麼國度，唯一知道的是，寸步難行。我想盡辦法回顧過去的地圖，想知道自己在哪個時候走失的，是在哪個十字路口轉錯了彎。

我的天空在哪裡？我的夥伴在哪裡？我自己在哪裡？

一直到今年，我才有些許落根的確定感，才有一點點的自在。

我今天為這個小小的自在感活著。

2020/8/15

今天我再度打開我的盒子，一顆心往下沉，呼吸沉重了起來，差一點淹沒在其中。

在一本小筆記本上，我從2003/6/24早上8：20寫起，一直到7/7，整整兩個星期，筆記像流水帳一樣，跟著時間流走著。那天是星期二，早上8：20，是我獲知孩子自殺的時刻，上面有我打電話的名單。有一個數字，「二殯大50」，出現了很多次，一開始不明白，後來想起來，那是孩子在冷凍櫃的編號，「大」就是通鋪，跟很多死人在一起，放在一個大冰櫃裡。不知道有「人」可以有小的櫃子嗎？有沒有人可以有套房，就是自己一個人可以躺在裡面安靜的櫃子？

這個小筆記本記錄著那兩個星期無序的生活。在不同時間，有前來陪伴我的朋友，打來關切的師友，幫助我處理後事的人。也有很糟糕的景況，比如隔天我跟他父親到臺北市立殯儀館，他要馬上定下出殯的日子，我無法接受，我們爆出火花，他負氣地轉身離開。不久，大兒子焦急地打電話來說，若他父親出事的話，我要負全部的責任。我們打給警廣電臺協助尋人，向警方備案。下午回到家，他站在我和他父親之間，說他是一家之主，弟弟的死是他們家的事情，不干我的事。那天晚上我回家，門上了鎖不讓我進家門，然後我寫著「報警」。

我們的敵意與分裂可見一斑。

隔天，學校家長會會長和班上同學到葬儀社，我們沒有人在現場接待。有人告訴我們記者在守候，不要出現。我不知如何是好，我還沒準備好失去孩子，我還沒準備好當死者的家屬。我現在已經記不得自己是如何度過那兩週的時間，但看著潦草的筆跡，我回到當時的孤單、無助、害怕、驚恐、委屈，我再度爆哭。

可以重來的話，我希望能在現場謝謝那個前來悼唁的會長和同學，我希望自己準備好為孩子送行，我希望我們能全家一起面對這一切。

我今天為這個分裂的遺憾活著。

2020/8/16

我的父親個性開朗，凡事往好處看。這些年我很苦，他最常說的就是，認清自己的處境，不要跟別人比較，做該做的事情。他常常跳過情感面，惹得我不開心。我其實希望他安慰我，拍拍我的肩膀說我做得很好，或者跟我比個「讚」的手勢。我心裡知道他是關心我的，這樣表達的方式當然有性別的差異，也有世代文化上的差異。這幾天他生病了，很辛苦，透過手機視訊，他還是可以擠出笑容，我真的佩服他。

我常想，若我能遺傳到他樂觀的性格就好了，也許這段倖存的日子會不一樣。我曾形容孩子的死，是我生命中的一場大爆炸，把我生命炸成一片廢墟。剛開始的幾年，我就像一棟滿是裂痕的房子，經歷大震動，但還沒有倒塌，結構還在，勉強可以住人。但在某一個時間點，這棟房子塌了下來，夷為平地。滿地的碎石，人，無處居住。

人，若要活下去的話，就得重建，重建，再重建。失能的，就要復健。當初曾經有位老師邀請我做翻譯，其實不難，但我在臺上待不到十分鐘就下臺一鞠躬。曾經我要訪談一位劇場工作者，只能做到簡單的準備，對方訓了我一頓，認為我一點都不用心。曾經有人用著狐疑的眼光打量著我，不確定我可以做什麼。那光景比初學雜耍的人還糟糕，別說兩顆球，連一顆都接不了。這樣的人生，如何重新開始？

父親雖然沒有受過什麼教育，但我相信生死的議題在他的心中，只是他不會用語言來表達，他是用行動在過著他的人生。曾經在一次門診的時候，我的醫生跟我說，有一種牌叫作「豬羊變色」，就是當你手中的牌壞到不行的時候，很神奇的，會有翻轉的時刻出現。沒有人知道翻轉的時刻如何出現，何時到來，但我感謝他的鼓勵。當一切都壞到不行的時候，如果你還想要活下去，就只能往好處想。我希望父親的樂觀，能讓他早日復原。

今天我為隱藏在我血液中的樂觀活下來。

2020/8/17

自殺者遺族復原的歷程是很坎坷的，不是外界所想像得那麼容易，不是「想開一點」、「放下」、「振作」幾句話就可以解決的。

林格斯特與彼得斯（Michelle Linn-Gust and John Peters）兩位遺族共同書寫《蜿蜒路》（*A Winding Road: A Handbook for Those Supporting the Suicide Bereaved*），書名就已經點題，這段復原歷程蜿蜒曲折，且隨著不同的階段有不同的風景。彼得斯也說自殺對遺族有著一輩子（lifelong）的影響。這不是一段可以理性分析的過程，而是遺族以生命與血淚，一步一腳印走過來的。遺族遇到的誤解，類似一般人對精神疾病的誤解，總以為當事人故意不振作起來，以為當事人可以放手卻不想好起來，一味地勸說、告誡，甚至到放棄。

只有遺族知道，有多愛死者，就有多少淚水；對死者的愛有多深，這復原的路就有多困難。自殺對部分遺族造成的傷害是創傷性的（traumatic），對那些負傷嚴重的遺族，復原是一輩子的事情。

孩子的自殺在我的身心上留下不可抹滅的傷害。他死後的那一週，我經歷想跳樓的可怕動力，那完全不是理性可以理解與控制的，半夜請鄰居送我到住家附近的急診室。隔天爸爸到急診室來接我，醫生強烈建議要我住院。我回頭去找自己的精神科醫生，他也要我住院。我依稀記得那天爸爸陪著我，捷運站上上下下，可想他有多擔心我的安全。後來怎麼度過那個危機的，已不復記憶。我並沒有去住院，但已是精神科（身心科）的病人。

今年我因為生活中的諸多壓力源，首度住進臺灣的精神院所。我了解如何自我照顧，前些年也復原得還不錯，但形勢比人強，撐不住就是撐不住。我的經驗顯示說，遺族的復原是一輩子的事情，遺族需要「福氣」，也就是他人的協助與支持，才能與這個經驗安然共處。今天我選擇為自己心裡的傷痕活著。

2020/8/18

創傷要復原必須從身心靈整體著手。普吉斯（Stephen Porges）提出多元迷走神經的理論（the Polyvagal Theory），並應用在創傷的治療。他強調身體的參與（embodiment）以及與社會連結的重要。身體的參與是說光是思想或言語是不夠的，要給予身體表達的空間。社會的連結指的是與他人建立友善、安全的關係。相對於笛卡爾的「我思故我在」，他認為我「感」故我在（I feel myself, therefore I am.）。人是感覺的動物，我們是依靠著情緒在溝通，當個體覺得不安全的時候，他就會封閉自己，進入防衛的狀態。

大部分的人面對遺族常常是慌亂的，不知如何反應。只有經歷過自殺失落的人才知道那是怎麼一回事，不要再對他們說，想開一點，走出來，他到了更好的地方，命中註定……等等。可以的話，陪伴、傾聽，久了自然會有所改變。前幾年間，我有一位英國友人，他以實際的行動支持我，可能是一杯茶，或是一餐飯，或者共同看一部電影，他穩固與長期的陪伴，讓我建立深度的信任與安全感，這對我復原的歷程極有幫助。若不是那幾年長出來的一點力量，我大概無法回臺灣重新開始。

當遺族面對外界自殺批評的言論，很難不感到孤單或者憤怒，對於復原狀態的負面評估，很難不覺得被強人所難。其實遺族需要的是安全的環境與對待，讓他們可以表達情緒情感，藉此重建對人、對世界破碎的信任。我剛失去孩子不到一年時，一個老師說我怎麼像軟腳蝦。我望著他，心想他怎麼說得出這種話。我當下無言，因為有些人幸運到不知道什麼是災難。現在面對這樣的人，我敬而遠之，因為我不想與之爭辯（fight），也不想落荒而逃（flight），或者在原地無法動彈（freeze）。我不需要陷入創傷的反應，安全最重要。

今天我為我的迷走神經活著。

2020/8/19

要跳出個人的創傷歷程，進行這段書寫，其實滿挑戰的。在經驗者與論述者之間，難免會有權力的拉扯，如何掌握到最平衡的距離，是我一直在摸索的。每天，當憂鬱的情緒滲入心中的時候，我就會想今天存活的理由。我常希望可以「自動」地活下來，像自動駕駛一樣，不用想理由，像許多「正常人」一樣。這些人的生活好像很簡單，起床，吃喝拉撒，八卦，睡覺，數算累積的資產，日復一日，一輩子的生命就這樣平順地過了。這樣說也許過於概化，至少在我親友的身上看到這樣的一群人。

我也不很確定將來誰會是這本書的讀者，我通常順著感覺走，每天有許多挑戰，就有了許多對話的空間。還好我也有一個理性的腦，也因為二十年了，在這段年歲間我可以遊走，視情況我會重訪不同的記憶，有需要時我可以跳出來。我曾憎恨著這個自己找來的功課，我知道當自己陷入這樣的想法與情緒的時候，我所厭惡的，是自己的生命經驗，是這段自殺喪親，是失落自己的滄桑景況。有個遺族形容這個痛苦，就像是火爐，你只能靠近到某個地步，直到它像燙手山芋，然後你得丟棄它，為了要活下去。但我們會守著這個火爐，因為裡面有我們最愛的親人，這是一輩子的共處。

我所能做的，就是誠實面對自己的生命；所能努力的，就是融合智識上對創傷、失落、自殺與遺族的學習，把這段難以言說的經歷，化作可以理解的文字。我的目標，就是找到一百零一個活下來的理由，然後把它交給宇宙，走入下一個階段的人生。我知道，當我能找到一百零一個理由，就能找到三百六十五個理由，我就能夠活下來。我不求多，一天只求一個理由，有時候找不到，就賴皮地編一個理由。人生，不是一步一腳印走出來的嗎？

我信任我的生命會帶領我書寫這段經驗。今天我為自己的感性與理性活著。

2020/8/20

今早我大包小包出門，差了半分鐘沒趕上公車。那公車早上只有一班，遠遠看它來，我在它前方跑著，希望司機有看到我。我揮揮手，試圖讓他知道我在追跑，希望可以趕上他的公車，誰知，眼睜睜地看著公車揚長而去。包包好重，沒辦法，只好轉頭去走需要花很多時間與精神的路線。

昨天跟友人約好，這是我第三次前往該社區，當地交通我並不熟，我又遲到了。朋友不開心，抱怨我每次都遲到。我也很抱歉，一樣大包小包，火車換捷運再換公車，原本以為自己可以早到的。但每次搭上不同公車，走著不同的路線，下車後再找門牌，時間就在炎日下過去了。朋友不開心為何我不從捷運站搭計程車……，我當然知道，但不好說。

在英國讀書的初期，我總是在陌生的區域查訪地址，走了七、八年，總算跟有些區域熟稔了，生活有了輕鬆的片刻。回到臺灣，我又得重新開始認路，查詢交通方式，出國前去過的地方都變陌生了。這陣子真的覺得肩頭負擔很重，找路找累了，走路走累了，提東西提累了。

好希望有一天包包變輕，甚至可以雙手空空，讓移動可以變成生活的享受。目前的辛苦，當然跟過去有關，但我總安慰自己，中年重新開始，總比老年經歷這些來得好吧！中年遭遇自殺喪子，是說不出的悲劇，很吃力，但還好中年不算老。我有點懊惱，但知道自己盡力了。

沒關係。

只有這樣的阿Q精神，才能面對人生啊！

今天我為我的幽默活著。

2020/8/21

去年七月我在工作的學校收到一封恐嚇信，信的內容說有民眾打一九九九抱怨我在學校的穿著，當時我收到信很害怕，沒有做任何處置。最近我把信拿出來，打到臺北市政府教育局，確定公文上所寫的承辦人不存在，以發文字號與缺少局長印信來看，確定這是一封造假的公文。這個人偽造文書，但因為是針對個人，不是散發對當局不利的言語，所以他們不會理會。這是學校同仁所做的，我大概知道是誰，雖然沒有鐵證。但最近我為了這件事情常常睡不好覺，心中有一股憤怒，無處可發。

我自認為是個有禮貌的人，辦公室閒言閒語，我不理會也不澄清，更不說對方的壞話。我不懂為什麼有人閒到沒事做，就愛說些挑撥離間的話。學校到學期末都會有聚餐，我在學校的第一次聚餐，到了現場才發現，處室幾個人坐一起，我沒有被算在其中。我心中顫抖著，感覺到被排斥在外，很難過。

曾經在一次課程裡，一個精神障礙者跟我說，他辦公室的人都不跟他說話，甚至當他主動問說有沒有什麼工作可以給他做的時候，得到的回應卻是羞辱與歧視。我不想渲染職場對精神疾患的不友善，但這種敵意的確存在。作為身心障礙者，我要如何自處？如何保護自己？如何捍衛自己？當初我特考拿到高分，選擇來到這個學校，主管沒有問我過去發生了什麼，我就默默存在著。當我遭遇一連串惡意的對待，憂鬱症復發，生病住院回來，也沒有人關切我的狀態，只是變成另一種形式的不友善，另一種的敵意。人事主管說，就看我要不要選擇往前看。

從英國回來之後，我對於精神疾患保持較人性的看法，對於有人貼標籤，或者歧視，我非常憤慨。當我自己被霸凌的時候，沒有人與我站在一起。我不知道他們為何這樣做，是因為我公開自己是憂鬱患者嗎？還是什麼？我常在想，當他們看我的時候，他們看見了什麼？為什麼這麼惡劣？甚至遊走法律邊緣，只因為傷人不犯法？

為什麼要這麼打擊我？為什麼要傷害我？為什麼這麼看我不順眼？我到底哪裡做錯了？我們與惡的距離是那麼的近，是我錯了嗎？我承擔不住生命的重量崩潰了，是我錯了嗎？我努力要活下來，只是不能用你們的文化方式表現自己，是我錯了嗎？

問題真的只在於我要不要選擇往前看嗎？今天我選擇為這個疑問活著。

2020/8/22

上週六我參加《關於自殺這件事》（*The S Word*）播映會暨座談會，內容是美國自殺企圖者史黛吉（Dese'Rae Stage）現身說法，與他採訪其他自殺企圖者（suicide attempt survivors）的歷程與故事。美國自殺學會已設有自殺者遺族與企圖者的分部，相比較起來，我們的「社團法人臺灣自殺防治學會暨全國自殺防治中心」則顯得不足，只有一些精神科醫師與學者。

幾年前我就知道史黛吉的存在，在自殺企圖者領域他是個重要的人物。從二〇一〇起，他發起Live Through This計畫，訪問企圖自殺者的真實故事，然後幫他們拍照，曾經以畫展的方式呈現，也有專屬的網站。這些人都是用本名，訪談以逐字稿的方式呈現，沒有修飾內容來保護當事人的隱私。這些故事常常是血淋淋的，沒有經過潤飾，剪裁。這是一群勇敢的人，發出自己的聲音，終極目的是希望能夠改善社會對自殺的錯誤態度，透過人性地看待自殺，進而幫助在邊緣走不過來的人。

他們是一群有臉、有名字的人，只是環境給他們超過所能承擔的重量；會走向自殺這條路的人，隱藏在我們四周，只用精神疾病來對他們貼上標籤是不公平的。因為一個人的身心疾病和體制的公義有密切的關係。

我也希望我們能有一群遺族站出來，但這不能勉強，因為出櫃，或者真實的創傷書寫，並沒有安全網的保護。尤其在華人社會更難，總有一股濃濃的汙名、羞恥、禁忌圍繞著自殺這個議題。遺族要能夠現身說法，發出自己的聲音，讓社會聽見背後的真相，需要有倡議的人與機構的資源與協助，若我不用為三餐著想的話，我最想全職投入這個領域。

你知道我是怎麼想的嗎？我想，若有人知道我的故事，看不起我或者抹黑我，沒有關係，因為有一天我會死去，瞧不起我的人也會死去，但我的聲音會留存下來。就算在我死後有人看不起我，我也不會知道，所以我不必害怕。如此我才可以述說我身為遺族的歷程，我的身心疾病，還有我的脆弱。

我當然不是一開始就這麼勇敢，只是在這個書寫的歷程當中，我與勇敢相遇，他成為正面情結，是我的好朋友。

今天我選擇為我的勇敢活下來。

2020/8/23

可能是疲倦與憂鬱，我今天對這個書寫的計畫產生很大的質疑。我到底在做什麼？為什麼要這麼做？為什麼堅持？我其實很想放棄，距離一百零一天還有一半的路程，感覺還有很長的路要走。

存在主義大師羅洛．梅（Rollo May）認為要戰勝虛無、焦慮與痛苦，需要勇氣，尤其是創造的勇氣（The courage to create）。勇氣並不是說恐懼不存在，而是在面對恐懼的時候仍然拿出行動。

我認為創傷倖存者選擇活下來也需要勇氣，尤其需要相信的勇氣，與希望的勇氣。相信掙扎的必要性，相信這一段路的意義，相信自己走得出來。希望這一切沒有白費，希望有否極泰來的一天，希望有美好的未來。

作為自殺者遺族，我必須相信自己已經盡力，相信這個經驗讓自己成長，相信自己能夠超越失落，我希望眼淚沒有白流，希望痛苦有結束的那一天，希望自己從鬼門關走回來之後，能夠樂業安居。

田立克（Paul Tillich）提出了存在的勇氣（The courage to be），就是生命無可避免走向終結，生命看起來沒有目的，但個體還是要肯定自己的生命。作為自殺者遺族，這個失落看起來把人打倒在地，這個悲傷的重擔讓人乾枯，但我還是要肯定自己，要感謝命運的遭逢，要歌頌生命的美好。面對自殺過後的艱難重建，我可以像紅鼻子一樣，兩手一攤，誠實地說，其實沒有勇氣走下去。不跳過這個問題，不否認自己的極限，不隱瞞心碎的醜陋。這是存在的矛盾。

今天我選擇為這個矛盾活下來。

2020/8/24

孩子自殺的那兩個星期，學校發起募款，有認識我的老師和同學，也有些不那麼熟的師友。筆記上我還註記著當時心理劇同儕練習團體成員的捐款，有一些人其實失去聯絡了。但重新看到這個名單，我還是感動萬分。

我的潘朵拉盒子裡面還有老師給我的卡片，孩子小學的畢業證書，他的文具用品，美勞作品，孩子給我的母親節卡片。這些東西我拿在手上，感覺很複雜。捨不得丟掉，因為有著他的痕跡，丟了就沒有了，但留著又不知道要留到哪時候。要留一輩子嗎？我常常在這個時候就把箱子闔起來，心在焚燒。

裡面的遺物對我來說，都是過渡性的客體（transitional object）。我只要一碰觸，就好像碰觸到他，過去就回到眼前。這些東西都存在著他的味道、他的情感、關於他的記憶。有幾樣東西我擺放在住處空間，感覺他在我的生活當中，這種感覺很溫馨。自殺者遺族其實不想忘掉死去的人，我甚至覺得讓他活在心中一輩子，是很好的事情。我跟他一直連結著，遇到困難的時候，跟他對話；有時候他會鼓勵我，他成為我的內在客體，這就是繼續連結理論的意義所在。

有些人認為要忘記背後，努力向前，網路上看到有人選擇把她自己自殺的孩子「丟到臭水溝裡」。我做不到。自殺，真的教人束手無策，彷彿紀念死去的人，就是鼓勵著自殺這個死亡的方法。我覺得是要尊重每個人的選擇——選擇忘記沒有錯，選擇紀念也沒有錯，沒有什麼是應該的，沒有什麼是正確的，沒有什麼標準。不要分析，不要批評，不要給強烈的意見，畢竟大家都想要活下來，只要自在就好。遺族需要時間、空間、接納與被理解，才能找到這份自在，才能找到與死者最舒服的關係。

孩子的自殺改變了我，我吃了許多苦頭。但這是我的人生，他活在我的心中，永永遠遠。今天我選擇為我們的連結活著。

2020/8/25

一清早就車水馬龍，大家趕往自己要去的地方，長長的車龍，深不見尾，消失在雲端。公車上很擁擠，一群人像沙丁魚。這樣的景象讓我聯想到弗洛伊德的「生之欲力」（life instinct），個體與生俱來的活力。後來他也提出了死之欲力，來解釋為什麼有些人會活不下去，揭示人性中毀滅的力量，這是很大的發現。

其實潛意識裡面的黑暗沒有太神祕，就看個體的成長經驗是否幫助到他從挫敗中學習成長，還是打擊了這個自然的生命力。兒童精神科醫師史都華特（Charles T. Stewart）根據榮格和赫曼（James Hillman）等人的理論，在《可怕情緒和致命行為》（*Dire Emotions and Lethal Behaviours: Eclipse of the Life Instinct*）一書中，指出人會自殺可歸納為四因素：為社會所隔絕（social isolation）；人格的解離（dissociation of the personality）；無可忍受的情感

(unbearable affect)，被負面情感所攫獲(possession by [negative] affects)。這只是簡單的歸納，由這四個因素再分析下去，都可以找到更多的緣由，更多的不幸，更多的悲劇。

人會自殺其實一點都不神祕，痛苦累積到臨界點，自然就會想到結束痛苦。曾經看過一個故事：一個人想自殺，他告訴自己，走上街頭的時候若有人對他笑，他就選擇活下來。人走到盡頭的時候，常常會用這種賭注的方式，給自己活下去的理由。若有人在橋頭徘徊許久，或者在高樓處踱步，你們會看到什麼？想到什麼？

我告訴自己今天記得保持微笑。不管現狀多糟糕，我選擇為我的微笑活下來。

2020/8/26

重新閱讀二十年前自己的筆記，其中對孩子許多的思念，對自殺許多的疑問，對上蒼許多的憤怒，現在讀起來難免訝異，這麼濃厚的情感，這麼無法平復的情緒，這麼多切不斷理還亂的連結。當時也沒想到自己會消化到什麼程度，當時曾想我的孩子活了十二年，經過十二年的時間我應該可以接受了吧？2003/10/7我寫著：

我捨不得你，你才十二歲……沒有人可以取代你，要習慣沒有你的日子要多久呢？至少要十二年吧？至少也要有你與我生活在一塊兒的日子長度吧？我們的情感日積月累下來，要淡忘這份情感，也是要慢慢的，一天天，一月月，一年年，這樣慢慢地倒退吧？

現在才知道，這條路要走一輩子。我現在的思念與情緒，跟當初有很大的不同。遺族這些濃厚的情緒與疑問是真實的，沒有經歷過自殺失落的人很難理解，若連我對自己過去的書寫都感到不耐煩的話，可想而知，一般人也不會有多少耐心傾聽與了解。

但我依舊相信這些書寫可以感動剛喪親的遺族，因為我自己也是一路閱讀相關的書籍才走到今天。理論的書曾經幫助我了解自殺，但只有情感的書寫，表露的脆弱，自傳式的告白，才能呼應我疼痛的心。

我曾說過，遺族的需要根據階段與時間的長短會有所不同，我的博士論文還提到，遺族是遺族最大的資源。馬麥納米（Jannette McMenamy）二〇〇八年的研究曾經提及，遺族與遺族之間的溝通對彼此是很大的支持，因為只有遺族才能了解遺族。希望有一天臺灣有自殺者遺族同儕支持團體的出現，能夠定期的聚會，互相扶持、鼓勵、打氣，分享彼此的生命。因為看到「資深」的遺族可以活下來，而且過著好生活，會是很大的鼓勵。

我等著有人可以加入我的行列，一起來成立這個同儕支持團體。

我今天選擇為這個等待降生的團體活著。

2020/8/27

最近狀態不太好，一直很焦慮，很疲累，累到自己陷入了憂鬱，尤其昨天超級不開心，自殺的意念又跑出來了。我像個轉不停的陀螺，常常要吃一頓飯不能好好吃，除了哭泣之外，還問自己這麼辛苦為了什麼呢？活著為了什麼呢？可見遺族自我照顧真的非常重要。過去有人說企圖自殺的人是在呼求幫助（cry for help），其實有點貶低的意味，威廉斯（Mark London Williams）指出會自傷與自殺的人是痛苦的吶喊（cry of pain），我非常同意。

人有自殺的想法其實不是不尋常，而是對於生活中壓力的反應。從有自殺意念，到開始計畫，到實際行動，時間長短不一。自殺居死亡的排行還滿穩定的，都在第十名上下，雖然我認為自殺防治的工作必須持續，但同時我對自殺也抱持人性的看法，那就是，自殺是人選擇離開世界的方式之一。

有自殺意念不可怕，只要承認他，跟他做朋友，不被他抓著走就好。我常說不隨之起舞，這是我常用的招數，其實還滿需要意志力的介入。還有，我不甘心，已經撐那麼久，吃了那麼多苦，怎麼可以輕言說放棄？過去曾經在最慘的時候，我躺在床上，點上蠟燭，感受有一部分的自己逐漸死去。那時候整個天地之間，只有自己和自己的身體，我為自己守靈。不行的時候，我告訴自己，明天再說。

越了解自殺意念，就越知道怎麼跟他做朋友，就越不會自殺。

今天我選擇為我的自殺意念活下來。

2020/8/28

計畫要參加一個中翻英的競賽，到最後才發現自己沒看清楚題目，原來要翻三首詩，我以為只要選一首即可。當下有點懊惱，但因為時間與精力都沒有辦法，告訴自己，這段翻譯的歷程還滿開心的，也體會到詩的美，就算沒有送出去，也沒什麼損失。

我其實還不太懂什麼是詩，也沒什麼空閒可以慢慢的品味詩集。這兩個月來讀了一些，覺得好詩真的是人間極品。少少幾個字，就能表現出深厚的情感；幾個句子，就能刻畫出深刻的世界；神來一筆，就峰迴路轉。詩有許多種，有走格式路線的，體韻的，神韻的，聲韻的，畫韻的，就像人有百百種。我不禁也想當起詩人。

能夠找到自己喜歡做的事情，是一種幸福，尤其在索然無味與疲乏的工作之餘，能夠靜下心來，進入到藝術裡，讓自己的身心有所恢復，更是生活中必備的藥品。在做喜歡的事與必須做的事之間，找到一個平衡點，對遺族身心的復原有長遠的幫助。尤其自殺過後，遺族的環境與資源可能都經過大風吹，不見得能夠找到所需的資源。這段復原路，大部分我是靠自己的「努力」走過來的，從急診，住院，心理治療，到跟朋友求救，到欣賞藝術，能做的都做了；國內並沒有針對遺族可親近使用的社區資源，這是自殺防治的一塊大漏洞。

今天我很開心發現，詩可以是我重建的一塊磚頭，我的未來有更多的希望與美麗，也許有一天我真的會成為詩人。

今天我選擇為了詩活下來。

2020/8/29

今天我交了白卷，在此補宣告——今天我為我空白的考卷活過一天。

2020/8/30

這陣子我非常不舒服，不確定自律神經系統的異常如何解決，醫生幫我換了新藥，神經系統又陷入調整的混亂。

精神科的藥教人又愛又恨，對於是否要服用抗憂鬱劑，有兩派說法。一派是說要服用，因為可以保護腦神經細胞，不少心理師也在服用之列。另一派說精神藥物是毒藥，是藥廠的黑心事業，因為相關研究並沒有真正支持藥物的有效性，但因為便宜，就成了治療身心疾病的顯學。我甚至遇過說沒有憂鬱症這回事的中醫，也遇過天真的基督徒，叫我向耶穌禱告來替代服藥。

從我一開始服用抗憂鬱劑到今天，我跟這藥的關係真的是五味雜陳。在最初患病時刻，它幫助我睡覺，度過急性期，但逐漸地，它成了我生活中棘手的課題。在外在環境沒有好轉之前停止服用的話，彷如空手進到虎園裡，要與猛獸一搏高下，命運可想而知。繼續服用呢，它則成為生命的主宰；小小一顆藥，或者幾ＣＣ的製劑，就掌控了腦中的化學分泌，與我的自主性產生嚴重的衝突。而且副作用不少，從白日疲倦昏睡，到夜間盜汗；從無腦的機器人，到二十四小時腦袋不停機，我都體驗過。

我是很不聽話的病人，會自動調整用藥，往往還沒到下一次門診，我已經改寫了我的藥單。醫生曾經規勸我，不要跟藥物作對，把它當作是，感冒服用感冒藥，高血壓服用降血壓的藥一般，畢竟與跑去死相比，這些副作用也不算什麼了吧！我也體會到，抗憂鬱劑的確在生理系統上提供了某種支持，就好像在大海中，若你有一個游泳圈，就可以載沉載浮，只要不放手，就不會滅頂。

不少遺族罹患憂鬱症，畢竟親友自殺是超級沉重的失落與打擊，面臨走向康復資源的窘境，適度接受藥物有其必要。曾經我引以為恥，也覺得自己不再是完全人，但現在我拒絕社會無意識地對身心疾病的歧視，對憂鬱症者的負面標籤。你只要到身心門診走一圈，就會發現這些就診的人，跟你我一樣，有頭有臉有名字，且男人無不帥，女人無不美麗。
就算很恨它，但今天我選擇為我的抗憂鬱劑活著。

2020/8/31

昨天鼓起勇氣透過Line跟一位新朋友分享書寫的其中一則貼文。她是我在健身房認識的朋友，很照顧我，好幾次運動完肚子很餓，她就給我她的麵包。我鼓起勇氣跟她說我的故事，選了其中算是輕鬆幽默的一篇，誰知她仍受到驚嚇，說「腦袋一陣空白，接著平板一片黑」。因為看到一半平板壞掉了，特別跑到健身中心跟我說，叫我等她平板修好，她會再回應。這讓我很感動，看著她的背影，我差點掉下眼淚。

接著我去上拳擊有氧。

這個健身房已經成了我生活的重心，下班以後我就在這裡運動。我固定上瑜伽和有氧課，希望讓自己的身心保持在最佳狀態，定期運動的習慣已經成為生活重建不可或缺的一環。這裡人來來去去，久了就會有交談的朋友。大家都是從一些小事情開始分享，比如說今天上什麼課啦，下課後要去吃什麼啦。然後大家會加Line，上課之外保持聯絡。

這個新朋友很有心，先前有天買了幾樣甜點，邀我到附近賣場的空間聊聊。我說了我在英國的歷程，但就是說不出來孩子自殺的這件事情。那時其實想說，但跟當下分享的主題差很多，話題轉不過去，我就一直想著怎麼跟她揭露這個經驗。我先旁敲側擊地問她有沒有在用臉書，然後跟她說從七月開始我在寫一些文章，然後問她有空會有興趣想看看嗎等等，這樣一步一步試水溫。若沒有跟她講孩子的事情，總覺得有負擔，一個祕密在心中，有一部分的我沒有辦法攤在陽光下，也覺得不放鬆也不自在。於是我下了個決定試試看。

今天我收到她的回應了，感覺這個經驗不再是祕密，在她面前我可以不用再隱藏。

今天我選擇為新的友誼活下來。

2020/9/1

我覺得對大兒子有點虧欠。這二十年來我對死去的孩子念念不忘，叨敘不停。他曾說過，關心活著的人比較重要吧。我曾經對於他不懷念弟弟不高興，尤其他們兄弟小時候常有爭執，比較強勢的他總是贏過弟弟，搞得弟弟常常委曲地跑來我身邊。我其實不清楚他怎麼面對這個失落手足的經驗，曾經想要打開話題，但都不了了之。我很想知道，除了他弟弟死去的那一個月，他還有為他哭泣嗎？

最近我在潘朵拉盒子裡面，找到他給我的卡片，驚覺他給我的卡片比弟弟給得多。人在無意識之間，會有神聖化死者的傾向，常聽到的「死者為大」，我也犯了這個錯誤。尤其當初他曾經涉入我與他父親之間的爭執，至今我們母子之間一直還有著緊張的關係。我猜他看到母親只掛念著死去的弟弟，一定也覺得被忽略了吧？我真對不起他，只是我們常常擦槍走火，目前關係降到冰點，不知道何時我們可以淨釋前嫌。2003/10/1我寫一封信給他，其中的段落寫著：

很久我們沒有談話了，有好幾年。這些年當中我做錯了一些事情，做錯了一些決定，導致我們的關係越來越惡劣。我很希望你願意說出心裡的話，即使大聲地向我抗議、哭訴，都沒關係。但請不要憎恨我，不要沉默。我們有著世上最親密的關係，我希望可以修復我們之間的溝通與情感。你上學去了，我坐在捷運站外面的咖啡廳開始寫信。我會寫一些信給你，讓你了解我的想法，因為我真的很愛你，我不忍看你把自己的情感封閉起來。這個傷痛我們可能得花一輩子的時間來面對、處理，你選擇堅強的態度活下去，讓自己專注在課業上，是否想替弟弟活著？活著走過他不能走的歲月、時光、道路？這也許是正常的反應，只是這樣你就不能以自己的方式來面對未來。這對你太沉重，你才十四歲，沒有必要扛起超乎你能力的包袱。

今天弟弟百日，也是第一次我們三人到他的墳前，相信他會高興吧？現在我還是常常哭泣，因為有愛就會有眼淚，別把自己封閉得太緊，這樣你會失去感覺、感受的能力。愛，是人世最寶貴的事情；除了愛爸爸之外，你也要愛自己。

那天晚上我們三人都哭了，作為母親，他是我懷胎十月努力生下來的孩子，我希望他有個美好、光明的未來；然而，在十二歲他選擇結束自己，對我是非常殘忍的事實。從未想過他會用這種方式離開，我好希望他願意說出來那些令他難以忍受的事情。這兩三年我跟他睡同一個房間，我們之間有許多親密的交談，他卻再也不會回來了，我再也見不到他了。我只能在腦中搜尋他的身影，我好孤單，失去弟弟後，我更寂寞，因為你只跟爸爸說話。我不怪你，我只希望你能快樂地活下來。……

每晚入睡前我都會摸著旁邊的空位，真的好失落。這輩子我只會有你們兩個兒子，現在只剩下你，請你讓自己好好地活著，要讓自己好好的，不要做出傷害自己的事情，知道嗎？尤其爸爸愛你很深，你之於他，就像弟弟之於我。

請讓自己過得好好的。

幾個段落之後，我寫著：

我並不是因為沒有弟弟才說出我愛你，而是弟弟的死讓我體會到愛的重要性，與表達的必要性。如果不說，你可能會覺得我不愛你了，我願意冒著被你討厭的危險，跟你說這些。

與大兒子斷訊很久了，但今天我選擇為我們的恩怨活著。

2020/9/2

今天清晨我忍不住又哭了。

最近學校給我新的業務，要接觸很多學生，很多老師和志工，每天好吵，辦公空間常擠滿了人。一天八個小時下來，腦中都是鬧轟轟的吵雜聲。我好希望我的頭腦可以關機，把這些雜訊排除在外，或者可以轉到「飛行模式」，只有我自己安安靜靜的休息。

可是我不能。

資訊超載的時候，電腦可以當機，那人呢？我深受其苦。我得服用抗憂鬱劑與解除焦慮的藥來讓自己睡覺，要不然隔天我就慘了。這樣的生活似乎沒有什麼品質。我內在跟神對話著，「我得這樣才可以走過這段曠野的日子嗎？」

「生命的重建得付上這麼大的身心代價嗎？」神當然不會回答我，但我要如何管理生活的壓力，卻關乎身心的健康。我的體質有點敏感，對藥物副作用感受特別強烈，我實在不想再服用更多的藥物。我注重生活作息，固定運動，注意飲食，也有精神信仰，加上服用藥物，五隻手指頭數盡了。我還能怎麼辦？已經這麼盡力地活著，還是這麼辛苦，怎麼辦？

就是想不到辦法，身心俱疲，所以才哭了。七點一到，還是乖乖穿上鞋出門趕火車。我不喜歡像陀螺一樣，但我好像沒什麼選擇，今天就為了我的疲倦活下來吧，我不太願意，但就先這樣吧。

2020/9/3

這兩年我最常說的一句話就是，我把人生搞砸了。二十年前孩子自殺，大兒子與我疏離，家庭破碎；現在有一段不知道怎麼處理的關係，覺得對不起對方。很想待在英國，卻開展不出人生的第二春，回到臺灣從頭開始。在極有限的資源下，面對超級艱難的任務，每天在挫折與勇氣之間來回擺蕩。

我不僅對人說這句話，也對神說。我感覺很對不起自己，對不起我的孩子，還有身邊的人。我已經走到人生的盡頭，不得不跟神求救。神會如何出手我不知道，我只能選擇相信。信仰的根基與奧祕就在於相信。信了，就可以跟神的救恩連結，不信，我就只有我自己。我當然選擇相信，要不也活不到今天。

回臺的第一個農曆年，想到每個手足家庭團圓，滿是歡樂，只有自己落單，沒有辦法在父母的家過年。節慶本來就特別難過，屋子擠滿了人，卻覺得無法容身，所以我到苗栗的禱告山參加春節特會。那是我回臺後第一個基督信仰的特會，發現很多人來此，度過對華人來說最重要的節日。我猜也許把生命搞砸的，不會只有我一個。當然其中也有因為信仰深厚的信徒，把握假期來堅固自己的信仰，對這樣的人，我除了羨慕，還有欽佩。要放下自我是很難的一件事情，因為自我是幫助我們活在這個世界上的內在結構，要把主權交給神，等同於說自己不是自己的主人。只有當信仰成為生活的一部分時，神掌權才能變成一個真實（reality）。

我把人生搞砸了，但我選擇面對。今天我為我破碎的人生活著。

2020/9/4

深層心理學理論說每個人都有意識與潛意識，個體之外還有集體的意識與潛意識，四個實體區塊互相影響。個體遭逢創傷的時候，人格結構會受到破壞，特別容易受到潛意識裡面陰影的影響。這可以解釋為什麼自殺者遺族會覺得受到天地的懲罰，感覺自己成為一名罪人。這時，遺族需要修復與宇宙的關係。

很長一段時間，我一直覺得被神處罰，因為我不明白，我雖然自私，但我不是壞媽媽，有很多比我更壞的人，但他們的孩子都活著。對我來說，這很不合理，我的腦袋也難以接受。一直到這兩年，我才慢慢能接受說，也許神是慈愛的。那為什麼我的孩子會自殺而死？這個問題成了大哉問。

我博士論文提出了「自殺情結」，主張遺族因為自我結構受到破壞，對外界的抵抗力減弱，以此觀點詮釋為何遺族會有高度自殺意念的想法。但有自殺意念還有其他的因素，首先，若人的壓力指數超過所承受的範圍，經過一段時間狀況沒有改善，所產生的痛苦就會讓個體思索解決痛苦的方法。另外，自殺似乎是潛藏在人類深層意識裡面的一個種子，時機成熟就會冒出芽。曾經看到報導，有很小的孩子就有想死念頭，這不禁教人思索生命的奧祕。

會有自殺的想法，還包括因為自殺而喪親，學習到自殺是一種離開人世的方式。當生命殘破不堪時，是什麼讓人選擇活下來？若沒有值得活下來的理由呢？我並不鼓勵自殺，而且很多自殺都是負氣的行為，但我也接受在不得已的時候，自殺是人自由意志的選擇。

今天我選擇為我的自殺情結活下來。

2020/9/5

週五與同事大吵一架，雖然累，但覺得自己有進步，可以給自己鼓勵一下。

她是那種我覺得相處會有困難的人，甚至有點怕她。我曾看過她對人很不客氣，是那種「吃人夠夠」，嘴巴帶刀的那種型，沒事我會離得遠遠的，相敬如賓，沒想到開學才第一週就開火了，結果搞到兩個同事來勸架。

在我現有職場上有兩種小人，一種陰小人，一種正小人。寄恐嚇信的是陰小人，這個是正小人。陰小人難處理，我還擊受傷，不還擊也受傷，因為我在亮處，她們藏在暗處，我看不清楚她們惡的程度，加上先前處在再受創的狀態，無力防衛自己，被她們打倒在地。正小人好處理一些，但要有足夠的盔甲保護與還擊的利劍。

雖然不甘示弱地反擊，心裡還是忐忑不安。從小我的母親給我負面的言語與態度，超過疼愛的感受，我因此內化這個負面批評，常覺得自己不對，自己沒價值，自己是該死的，甚至出生也是我的錯。所以被欺負之後，內心常常會有強烈指責的聲音，說好聽一點是我會反省，說不好聽就是成為自己內在的加害人，再度鞭打自己，而不是安慰、肯定、療癒受傷的心。這也解釋孩子自殺之後，我高度的自我指責，有著人格結構的因素。

因此心思成為混亂的戰場，有外來的惡言惡語，也有自己的撻伐。這次我勇敢地反擊，拒絕成為弱者，拒絕成為受害者，而是一比高下的勇士。

不論輸贏，我為自己的進步活下來。

2020/9/6

這兩週我到民生社區幾次，一片國民住宅，非常寧靜，在一棵樹上我看到秋天的影子。走在紅磚路上，感受到難得的寧靜與悠閒，讓我又思念起英國。在英國後段的日子，我已經融入當地的生活步調與人文態度，常造訪諸多綠地與公園，喜歡涼涼的日子，朋友家也有一個後花園，讓我身心得以逐漸復原。

聞到空氣中秋天的味道，站在路口很想哭，我想念上演歐洲最先進劇場作品的巴比肯劇場（Barbican Theatre），雲門舞集曾經造訪的沙德勒之井劇院（Sadler’s Wells Theatre），泰晤士河畔的國家劇院，還有附近的中國城。我也想念超市 Sainsbury’s, Tesco, Waitrose，連上銀行辦事都是一件很舒服的事情。

我的人生路走得曲曲折折，不像有些人一帆風順。最近讀到以前北藝大同學出的書，美麗的她在劇場、創作、劇場療癒走出一片天，連她的老公都是二十年前曾經與我上過心理劇的夥伴。在健身房認識的新朋友曾說，她的人生很幸運，重要的人感情都很好，她指的是父母、手足、先生、小孩。看著她們，我的人生卻反道而行。為什麼這樣呢？

三十多歲轉往劇場讀研究所，孩子自殺、然後離婚，一切回歸無有。到英國去，一點都不想回臺灣，卻無福留在當地。在劇場評論與心理學理論算是有些研究，也學了一套帶領團體的技術，知道如何透過肢體來開發創意，但因為在臺灣一無所有，得用最快的方法養活自己，放下一切做起「黑手」。我曾經敏銳到可以閱讀他人的心理，而小學的行政工作已經把我的細膩度磨掉了；曾經可以優雅地與他人接觸，卻因忙碌變得粗魯；曾經是一個柔軟的人，卻逐漸石心起來；曾經覺得經驗人生是靈魂成長的必然，卻在沉重的肩頭下，懷疑人生的必要性。

難道我過去二十年修復的一切又要歸於無有嗎？我不懂，但今天我選擇為我無解的命運活下來。

2020/9/7

每個自殺者遺族都是命中註定如此的嗎？

這段時間父親生病，我因為不舒服，沒有跟手足輪替回去照顧，心裡很愧疚，但我寧可冒著被誤解「不孝」的風險，而不將自己推進無可轉圜的處境。自殺情結已經是我人格的一部分，我認為把自己照顧好就是孝順的表現，因為棺木裝的是死人，不一定是老人，這是孩子自殺給我的啟示。

經歷重大創傷的人，會有一種很深的不安全感，認為壞事隨時會發生，也就是這個世界不再安全（shattered assumptive world），這種深層的創傷，需要修復。羅尼．珍諾夫—布林曼（Ronnie Janoff-Bulman）提出一般人對人生有三個基本認定：相信個體的穩固安全（the belief in personal invulnerability），認定世界是有意義的（the perception of the world as meaningful），認定個體有正面的價值（the perception of oneself as positive），也就是認為世界是好的，人是好的，個體可以掌握自己的未來。自殺的發生破碎了這一切，我失去了健康，變得脆弱；我失落了人生的意義，失去了慾望（desire）；這個世界變得有善有惡，人也有善有惡，而且惡的居多，最後，我只能掌握非常少的人事物。

那麼遺族的未來是黑白的嗎？弗朗辛．夏皮羅（Francine Shapiro）的「眼動減敏與歷程更新療法」（簡稱EMDR），能夠對創傷記憶進行重整，建立新的神經連結，降低創傷記憶對當事人的影響，是一個可以考慮的治療法。除了重建再重建，我們更需要人間的天使。

我不知道我是否命中註定要失去孩子，我也不知道他是否命中註定會自殺，但我努力重建我已破碎的世界。今天我選擇為我創傷的記憶活著。

2020/9/8

要自殺的人其實都會先給出訊號，可能是淡淡的一句「最近好累」，或是「生活很沒意思」，到直白的「我想死」。除了最後那句話之外，要能夠聽出一個人活不下去、已有自殺的念頭，則有賴心理的敏感度。事後我才明白，兒子其實有間接地表達他想死。

那時我們好像有點小爭吵吧，我說他那樣我會很難過，他回答說，難過就去死啊。我當時以為他這樣講話是要來氣我，等他死後，我才知道那時候自殺的想法已經在他的心裡了，他已經在告訴我，他很痛苦，痛苦到想死，他知道自殺是解決痛苦的一種方式。

我們對一個人的對待，有可能攸關著對方的生命。曾經看過新聞，父母與孩子吵架，以為有權力／利掌控孩子，孩子就用自殺來結束這段關係。我在第一個婚姻裡面的時候，曾經也有自殺的想法，跟當時的先生提這件事情，他回答，「你死不了啦！」在我讀國中的時候，不知道手怎麼了，拿著菜刀，跟媽媽說，很想把手剁下去，她說，「你剁啊！」這兩個人對我情緒危機的反應，都讓我嚇了一跳，我當下理解，他們不是我可以信任的人。還好我沒有任性而為，我選擇離開來保護自己。

這年頭有情緒障礙的人不少，我自己也有，但因為跟憂鬱相處久了，了解自己的模式，漸漸學會如何照顧自己。當我還有希望的時候，或者夢想有可能實現的時候，我並不想死。但自殺意念會在我疲累不堪，或極度孤單無助的時候出現。我覺得若年老孤苦無依，尤其若是失能的狀態，我可能就會想死了。

其實希望有一天能看到安樂死合法化。看到社區很多老人，奄奄一息坐在輪椅上，由外勞看管著，從外表看來，很難說服自己要像那樣活下去。因為老病，所以老人的自殺率居高不下。但安樂死與自殺還是不一樣，假如安樂死合法化之後，老病自殺的案例就會降低（因為死因的歸因不同），對當事人與家屬其實都會比較好過些。但這是一個複雜的道德議題，與人性犯罪牽扯不清，是個教人們頭痛的議題。

今天我選擇為安樂死活下來。

2020/9/9

每個自殺的案例背後都會有個醜陋的故事，最近媳婦自殺，留言被婆婆害死的新聞，就是一例。沒有人知道真相，或者應該說，真相有好多個，也就是，自殺者遺族面對的，是一場無解的羅生門。雖然如此，我還是要說，除非涉嫌殺人的，自殺者遺族沒有作錯什麼。

我曾經把孩子的死扛在肩上。有人跟我說，我只有四分之一的責任，他自己、他的哥哥、他的父親各有四分之一。我因孩子的自殺指責自己，是一個道德的選擇，因為他未成年，所承受的痛苦都是周遭人帶給他的，我願意承受這個罪惡感，我沒辦法像有些遺族與死者畫清界線，來抵禦自殺所帶來的壓力（外界指責、內在罪惡感、面對無可對證的處境等等）。2003/10/15我寫著：

你長大了，你不再只是小男生，所以你才鐵了心這麼做，對不對？你長大了一點，面對生活中的是是非非，這些結糾纏得你失去血色，對不對？一邊是父親，一邊是母親，我們太教人失望了，對不對？我真恨自己當初這麼軟弱，你一定很恨我，恨我置你於不義，恨我遺棄你。

孩子，我對不起你，請原諒我當初也是沒有辦法。翻著你出事前的畫，那時死亡也盤旋在我頭上，我的身心狀況將近崩潰，我沒能照顧你，因為我自己都照顧不好自己。請原諒我的錯誤與無能，當時我無法作個強者，扛起生活重擔；我也無法作個唯諾之人，不要有自己的想法／感覺。我是個無用的人哪！今天這個悲劇我有重大責任要負，是我不好，是我要負責，我原本應該保護你，卻讓你暴露在傷痛之中。

今天我選擇為罪惡感活著，但我也知道自己是清白的。

2020/9/10

昨天帶著兩個包包，加上肩上背的共三個出門，原本以為中途可以放下一個，最後還是拖著三個包包回家。途中不小心把心愛的珍奶打翻在地上，慌亂之中撈起黑黑的珍珠，丟到垃圾桶去，好心疼。手上的球太多了，接不到，掉到地上廢了。

日前有一則新聞，一個父親出手想接住跳樓的孩子，被壓成重傷死亡。若是我的話，我應該也會無意識地伸出手來，以為可以把心愛的孩子救回來。孩子自殺那天回到家，員警要我到樓下去認屍。小兒子還穿著他藍點的睡衣，面容朝下，躺在公車身旁。不需要看臉，當然就知道是他。他墜樓的速度比電梯還快，跌落在公車頂後，彈落到一部小客車後窗，把玻璃都撞碎了。聽說公車上的人都嚇壞了，當然，那是一聲毫無預警的巨響，小客車也得送修。

我後悔沒有上前叫他，沒有上前抱他，沒有堅持再度急救，因為，也許，也許這樣，他會再活過來。這是我第一次近距離目睹屍體，嚇壞了，無法反應。很難相信從十六樓跳下來，人就這樣死了。他一雙鞋從容地擺放在頂樓的貓道前，我無法想像他是如何縱身的？會不會是被風吹下去的？他當時在想什麼？他有沒想過要回頭？要是他改變心意在最後一刻轉身，卻不敵頂樓颶風？

我仍後悔沒有上前抱他，沒有認他是我的小孩，即使是死的。生死界線無情地切割我們兩人的世界，我不知如何回應，不知如何面對肉身已死的他。若有人目睹他從天空墜下，那是何等驚嚇的景象？我的肚腹，只一味的痙攣，這個我懷胎十月，撫養十二年的可愛男孩。

噯呀，還好只是一杯珍奶，不捨，可以再買一杯。

我今天為這個可以再來一次活著。

2020/9/11

弗洛伊德曾說，夢是通往潛意識的道路。小兒子自殺之後的幾年，我做了不少關於自殺的夢。曾經夢見大兒子跳樓，我伸出手要去拉住他，從床上一躍坐起就驚醒了，出了一身冷汗。也夢見自己跳樓，但夢裡我並沒有死，只是兩腳著地在神經系統感受到的反作用力，也把我震醒。我不太確定這些夢在告訴我什麼，是驚恐再度遭逢自殺嗎？是擔心會失落另一個孩子嗎？那我自己跳樓的夢呢？也許是我的身心在消化著這個失落記憶吧！還好近期這樣的夢已經停止了。

其實夢有很多種，有些是大腦消化資訊的結果，有些是深層心理動力的提醒，有些夢是靈界的交通，我曾經多次夢見小兒子。2004/1/22我寫著：

除夕前兩天夢見你，你對著我發出燦爛笑容，我幾度伸手想拉你、抱你，卻驚醒，才發現是夢。當我入夢時，又見到笑嘻嘻的你，一樣又撲了個空。整晚下來睡睡醒醒，不下四、五次，但醒來後還滿欣慰的。這個夢是四十九天之後，難得的清明夢。中陰之後見你的夢都朦朦朧朧的，好像潛意識的運作帶來的，無法確定是你來看我。但這個夢那麼清楚，我知道是你。這次你什麼都不說，只一勁地笑，我好想擁你入懷，甚至還說了話，好像是叫你過來的樣子。但手一揮，睜眼看到天花板，知道自己躺在床上做了夢。

朦朧之中你跟我說：「媽媽，我身上的傷都好了。」你的影像模糊，但聲音我卻記得很清楚。一直忘不了你左上臂、右腳踝的割裂，皮開肉綻，右腳筋沒斷，想是你生前愛踢足球，腳筋強韌的關係吧。搞不清楚你身上幾處骨折，左手臂深可見骨，接近肩膀處腫脹一塊。你的手像玩具般沒有生命，任憑葬儀社的人穿脫衣服，你卻沒有動靜。爸爸要求他們幫你穿上襪子，但你右腳踝傷口深及一半。一個胖胖的男人不太會穿，媽媽心好痛，忍不住請另一個瘦瘦的叔叔幫你穿，希冀減輕你的痛苦。但你那時應該早失去知覺了吧！肉體乘載不了如此創傷，走上暴廢的後路；一具壞掉的身體，不是黏、縫、補可以回得來的。所以聽到你告訴我傷好了，很欣慰。你一定知道，每當我想起這個場景一定會痛，謝謝你來告訴我。

很久沒有夢見兒子了，今天我選擇為這些他造訪的夢活著。

2020/9/12

今天是學校日，原本應該在松山車站下車，我卻坐過頭了。當時有「聽到」廣播，但沒聽進去，昏沉地坐在位置上，等到察覺時，車子已經開了。我不喜歡自己這麼疲累的狀態，五官鈍化，疲累未曾有恢復過。我好想好好睡一覺。曾經讀過有人一連睡了很多很多很多很多天，我也好想，也許醒來之後可以重新開始。

這兩週在學校，要處理行政事務，還要面對四百多名的學生，搞得我快瘋了，我變得很兇，粗魯，沒耐性，甚至對學生發脾氣。事後我很擔心是否傷害到學生，除了抱歉，更擔心他們是否因此身心受創或崩潰。經歷過自殺失落之後，我知道人有多脆弱，我甚至擔心若學生因此自殺，留有遺言說是我害的，那我怎麼辦？好大的壓力啊。

有一個媽媽把一年級的孩子帶來圖書館，她要到會議中心參加學校說明會，要我幫她看著孩子。我說我有任務在身，沒有辦法，她還是把孩子留下來。後來孩子就吵著要媽媽，我帶著她到會議廳找媽媽。一路上我握著這纖細柔軟的手，我們之間有著連結，她相信我，我們十指相連。當初我也有著兩雙可愛的小手，曾經緊緊牽著我，曾經相信過我，曾經把一切交在我手中。她讓我想到年輕的自己，想起曾有的罪惡感；我剛當媽媽的時候很不適應，常把孩子託人或保母，來換取喘息的空間。

校園湧進上百位大人與小孩，二十年前我也像他們一樣，學習要成為好媽媽，努力想幫助孩子。但事與願違。

我知道自己可能過度憂慮了，但在憂慮與放心之間，很難抓得準，所以回過頭來，還是要自我照顧，才不會留下傷害自己與他人的因子。今天我最大的功課就是把自己照顧好，走過這段陰暗，成為健康的女人。

我選擇為我的健康活下來。

2020/9/13

我其實忘了當初小兒子來告訴我他傷都好的夢，是再度打開潘朵拉盒子發現的。二〇〇四年初，算算時間，距離他死亡半年之後。當初這個夢一定給了我極大的安慰，二十年後再次讀到，我知道該放下了。

人在絕境臨前，只能乞求神恩與憐憫，這個失落超過常人所能忍受的程度，因此我常常禱告，向神乞求，指引我的方向。首先我向神乞求，當我感受喪子的痛苦時，請讓我感受到祂的愛與同在。然後我乞求神徹底療癒我的傷口，醫治我的身心靈。我想要再度感受生命的美好，但痛苦與憂鬱常把我拉入黑暗的谷底，雖然經過多年的心理治療，我已能與這個創傷失落共處，但我不了解為何我得經歷破碎的苦楚，為何得被如此地懲罰。神賜與生命，也結束生命，這是生命的奧祕，無人能知曉。我只能乞求神的原諒，原諒我沒有扮演好母親的角色，原諒我不夠強壯來支持兒子，協助他度過痛苦，原諒我甚至可能加重他生前的痛苦，只有感受到神的原諒，我才能再度面對自己……。這樣的乞求持續好常一段時間，終於某一天我領悟到，神已經原諒我了，我也要原諒我自己。

這段哀傷路走到今天，我深刻感受到兒子也原諒了我，他會希望看到我好好地活下來，快樂地過我的人生，他不會想要看到我懷抱痛苦、愧疚與羞恥至死，現在就看自己如何經營一個有意義又快樂的人生。

今天我選擇為這個原諒活著。

2020/9/14

日前我把手機Line的大頭照換了，那其實是五年前的舊照，但因為開心的笑容，不少朋友說「讚」。我也把我的slogan改為：努力向前，Never give up。其實我喜歡我灰髮的照片，那是在英國一個朋友家照的，雖然大家都說老相。在英國後期我們每週找一天相聚，分享能營造正面能量的事情，比如畫畫，或者冥想。我非常想念她，還有在英國促使我療癒的環境。

在英國，我覺得大家對頭髮的灰白採取開放、輕鬆、接受的態度，很多女性就頂著一顆灰白的頭，自信美麗。我覺得滿頭白髮，或者灰黑交錯的女人有不同的美感，而且我不喜歡染頭髮，更憎惡新髮長出來之後，頭頂上的一條跑道。話雖這樣說，但染完髮後，人似乎年輕了幾歲，怎麼辦呢？要自然，還是要年輕？其實對我來說，這個問題一點都不重要，重要的是，我現在如何面對失去兒子這件事情，我如何從這個悲痛中再度爬起來。

最近讀到2003/10/15所寫的，難得的正面話語。我對自己說：

秀娟：也許這一切還找不到答案，不要急，慢慢地你會知道這一切。生活中有許多考驗，都是要成就我們的。不要急，慢慢來，對自己要有信心，對自己要有耐心。我知道你心很痛，我知道你也極度忍耐生活的苦難，秀娟，撐下去，不久你將可以嚐到果實的甜美，你將會踏實地活著，知道這一切的目的。

你不再浪費生命，生命中發生的每件事情都將引領你到有意義的事情上。秀娟，你的生命是如此豐富，沒有一個人能跟你相比，雖然看起來你不怎麼樣，但你的明心、反省、你的自我要求，都是很寶貴的。你如此向上，如此求精進，是如此難得，千萬不要用來苛責自己。這些苦難是要磨練你，而不是要擊敗你；是要成就你，而非推翻你。秀娟，加油，你值得眾人期待，你值得大家的愛，要堅持下去。這些的確是苦難，是無上的苦難，非常人所能忍受的苦難。但你撐得過來，就像經歷高溫高壓的礦石，終將成為有用、貴重的作品。秀娟，你是老天精心設計的生命，好好珍惜，把握。穩穩走著每個步伐，迎向生命的陽光。

二十年了，走走停停，我才稍許有所進步。今天我選擇為開心的笑容活著。

2020/9/15

死後的世界少有人能知曉。有人曾經造訪地獄，跟我說，自殺的「人」狀況很慘。有人說，生命是一場學習，我們的功課做完了，就離開了。有人說，我們出生之前，就自己選擇了今生的功課，包括死亡的方式。有人說，神是愛，自殺的人會受到憐憫，他們會到另一所愛的學校去。有人說，自殺也許是靈魂轉化的象徵。有人說，自殺的人大不孝，死者的靈魂會在他父母面前下跪。有人說，這個世界是個幻象，不要太認真。有人說，自殺的人是受邪靈的攪擾。有人說，自殺死亡是命中注定的。有人說，有人說，有人說，每個人對自殺都有意見，都有想法。

還有人跟我說，也許我孩子是聽到有人叫他跳下去的聲音，並說這是撒旦的聲音，我聽了很不舒服，很想開口罵髒話。人的心靈在極大的壓力之下，會有各種反應，幻聽幻覺是其中兩種。在神祕與病態反應之間，有時只是觀點的不同，永遠沒有人敢絕對說奇異經驗是什麼，即使是精神科醫師也只是藉用藥物來控制心靈的失控與混亂。靈異經驗的危險在於把它當作真實，尤其若當事人失去現實感的時候。榮格當初與弗洛伊德分家時，除了崩潰所帶來的思覺失調之外，有不少靈異經驗。還好他過去的醫學與人文訓練，讓他在宇宙飄遊的曠野中，能緊抓住一絲的現實感，上天下地之後，終於在人間再度落腳。

大多數自殺的人是想減輕痛苦，跟撒旦無關。

有個遺族是個虔誠的基督徒，她深信孩子被接去天堂，雖然想起孩子她依舊哭得很厲害。我羨慕她的確信，但無論如何，現在我不需要知道當初兒子為何跳樓，為何走上絕路，我需要的是現實感，別在喪慟當中迷失自己，而是從中找回失去的自己。

今天我選擇為這一世活著。

2020/9/16

曾在電視上看到員警「搶救」意圖自殺的人。想死的人盤旋在陽臺，員警吊著鋼絲從另一棟跳進陽臺，把那人襲倒在地，報導說員警搶救「成功」。當我在電視上看到這樣救人的招式時，感到非常憤怒。這樣的方式只是暫時保住當事人，有可能讓當事人更加細密地規畫下一個自殺事件，要救的不只是人的肉體，還有人的心靈。

英國的班雅明（Jonny Benjamin）曾經在滑鐵盧大橋（Waterloo Bridge）上要跳河，在忙碌的橋上沒人搭理，卻有一個人上前，跟他攀談，當下讓他取消了跳河的想法。他後來住院接受醫治，逐漸好轉，發起尋找這個救命使者的活動。事後他說，這個人只是簡單地跟他說，他相信他，並且相信他會變得更好（或說病情會好轉）。後來英國Channel 4頻道拍攝了他故事，找到這個「天使」的過程，錄製成影片《橋上的陌生人》（*Stranger On The Bridge*）。

我在英國接觸到ASIST的訓練，英文是Applied Suicide Intervention Skills Training（自殺處遇技巧應用訓練）。課程分成三部分：與當事人探索為何要自殺（Connecting with Suicide）、從聽故事當中協助當事人找到不同的選擇（Understanding Choices）、安全計畫與行動（Assisting Life）。你可能會說，人都要死了談什麼談，救人要緊。但我要說，每個想自殺的人都希望救援能來到。除了久病厭世之外，大部分會自殺的人都是想解決痛苦，這個時候若有了解的人出現，能給予支持，尋找活下去的方法，這個人就可以／願意活下來。也看過美國的一個影片，一個孩子已經跨過橋身，站在橋墩上頭，一位員警屈身跟他說話，這時句句都要打到當事人解決困境的核心。當這個孩子把手交給員警的時候，也表示從鬼門關救回了一條人命。

像我們電視那樣救人的，無法長久。今天我選擇為ASIST活下來，希望有一天臺灣有更多具人性的救命使者出現。

2020/9/17

最近想找人一起去詩歌節的開幕演出，竟找不到一個人同往。其實我在臺北很寂寞，總是一個人。雖然在健身房與教會認識了一些朋友，大都只是點頭之交。最近我常向神祈禱，給我帶來一個了解我、愛我，能夠分享生命的伴侶，我希望有人跟我同行。這個人必須是能接受我的過去而不批判，接受我的憂鬱而不以為恥，接受我的破碎而不以為意，他還要了解我這段努力活下來的歷程而引以為傲，給我一個肩膀，疲累時可以倚靠。只是這個歲數在華人的世界裡面很難找到夥伴，大家對離婚、再婚也不熱衷，我也不想涉入婚外情，怎麼辦呢？

當年我結第二次婚的時候，母親說，這是結最後一次了。我的老媽媽，一向不了解我，她的話帶有華人文化的價值批判，讓我不知如何以對。我第二任先生是個好人，他也是有經歷創傷失落的人，用緊閉嘴唇的方式走過坎坷路，常把情感切割開來，讓我覺得很難跟他連結。當我們在英國認識的時候，是我最健康的時候，原本希望可以開始另一個人生。我跟他說我一無所有，我有的，就只有我這個人，他接受了我，給我一個留在英國的機會。但我覺得他對待我的方式很像他以前養的鸚鵡，關在籠子裡，有吃有喝，但處在不同的世界，我們無法說話。我離開了，覺得對不起他，但我很感謝他財務上的支援，讓我得以存活。若沒有他，也沒有今天的我。

不久之前做了一個夢，在夢中我灰頭土臉，衣衫襤褸，但國王走向我，選我做他的伴侶。我知道這是個好夢，不管我經歷過多少灰黑的過去，等著我的是美麗的未來。

今天我選擇為我美麗的未來活著。

2020/9/18

我上班的日子，固定七點五分出門，搭火車再換公車。到公車站時，有一路公車很方便，開到校門口，錯過了就要坐別的車。曾經有一次，司機沒看到我在前頭跑，開走了，還好紅燈立刻把它擋下來。我跑上前，他讓我上車，我氣喘吁吁地跟他說我遠遠地就跟他招手，就差一步，怎麼不等我？原來他沒有看到我，但他很有愛心回應，我覺得這個司機滿好的。

今天再度搭上這個司機開的車，他跟我說，自從我跟他說了之後，他都會注意看有沒有人跑著攔車，讓我很感動。我逐漸可以享受這樣日常生活的點滴，相比過去，我進步許多，如2006/6/28我寫著：

我會怎麼形容臺北？這個我成家立業、夢想破碎的城市；這個我從美麗少女變成憂鬱中年的地方；這個我曾經擁有一座花園，繼而滿目瘡痍的城市。我的心不禁一緊，彷彿被賞了一記耳光，眼淚再也無法訴說經歷，憂鬱不足以成事，我不屬於這裡。那我屬於哪裡？

原來中年是教人悲傷的年代，青春不再，成熟無用，老朽在望。原來中年是嚙咬人心的歲月，無盡苦澀，這苦，如隔夜的咖啡，加上歲月的腐敗，教人無法嚥口。

也許我不應該管歲月，把時間丟棄。歲月只會像骨中刺般，教人坐立難安。歲月從來都不是恩寵，也許只有初生嬰兒才配擁有時間。也許我根本就該停止憂鬱，專注在現實界，建構此生我所需的一切。但我需要什麼呢？總覺得這輩子玩完了，若老天夠慈悲，祂應該賜予我死亡。我累了，我不再有興趣建構，但又死不了，我真不知道可以怎麼做。我知道我可以創造好日子的可能，但我一點都不想，因為我若不是斷頭的身體，就是遺失身體的頭顱，各缺一半的存在，我的世界殘缺不全。

今天我選擇為日常生活的喜樂活著。

2020/9/19

孩子的父親買了月餅要送我，他因行動不便，要我去他家拿。面對這樣的禮物，教我為難，勾起太多的情緒與記憶。「我不會因為一盒月餅原諒你的，」心中叨絮著。「一盒月餅有什麼大不了，我自己買得起……我有更好的東西，不屑你的月餅……。」「有誠意不會想辦法送來，要我自己去拿，當我什麼？」「我有我的生活，我的運動，我的一切，我不需要你的月餅……。」

原來心中還有許多恨。

雖然他老兄對吃的挺有熱情，買了月餅在第一時間打給我，當然不只是月餅，但是還有什麼，他自己也許清楚，也或許不清楚，或許也說不出口。我知道他因孩子的自殺痛苦過，只是他的狀態會影響到大兒子，教我難以拂袖而去。我向上帝禱告，幫助我面對他，面對這個傷害過我的人，我不想帶著恨到明天。

從汐止坐公車到內湖，一段我曾經熟悉現在卻陌生的路程，我好想往回走，我有點生氣自己，為什麼不斷然回絕！我的心在拉扯。越接近那條路，過去的記憶越活躍……孩子的身影，我們的過去，那個曾經帶他們遊玩的公園，曾經去過的餐廳，曾經造訪的商店，曾經曾經曾經曾經曾經。

我在他身亡的公車站下車，想著是打電話還是按電鈴，想著笑不出來要擠出笑容還是繃著臉，想著是上樓還是他們下來，想著是他下來還是兒子下來。我最想拿了月餅立刻走人，也想返身離去當作沒來過。神啊！

按下門鈴，他請我上樓。在這個我生活過十五年的屋子，我們三人再度面對面，三個破碎的靈魂。

回到自己的家寫下這一段，在鼻涕淚水中，我選擇為大兒子活著。

2020/9/20

兒子長得和爸爸一樣高大了，他們家中幾雙大拖鞋，大球鞋，什麼都比我大幾號，我想像若這個家沒有破裂、孩子沒有自殺的話，潛在的全家福畫面。我有個好友也是生兩個男孩，看她被簇擁在三個男人中，像女王般，好幸福。若小兒子活著的話，體態會像父親嗎？還是會比較像我？為何我的人生變成這樣呢？2003/11/14我寫著：

在羅斯福路巷子內的一家麵店，店老闆、老闆娘和他們的兒子，配合無間。第一次見到他，就覺得他是個孝順的兒子。他站外場，老闆內場，客人一走他會手腳俐落地收拾碗盤。他年輕，應該不超過三十歲，眉宇之間一股自信。老闆娘裡裡外外走著，聲音略高，有股傲氣，許是生意做久，走過風浪，兒女成材，自有一股萬事俱足的驕傲。在他們身上，看不到衝突的痕跡，家和萬事興。不知在家他們吵不吵架？……。許是我不知道平安是福，生活平淡的滋味，許是這樣才失去你？

男性面對哀傷、失落的情感反應與女性有所差異，當我拿掉心中恨的濾鏡，看到的是一個失落孩子的遺族，一個失落手足的遺族，我告訴自己，他們沒有做錯什麼，不管前一天、前一週、前一個月的生活發生了什麼，不管那時兒子是在他們那一邊，不管小兒子曾經打電話跟我訴過苦，不管不管不管，他們是無辜的。

我了解到我必須伸出手言和，我必須接受他們用行動釋出的善意，我必須放下當初戰敗國的羞辱、貧困與苦痛，所有我經歷多不公平的過去，我和兒子和他們的父親才有平安。

我又給自己出了超難的功課……好吧！帶著勉強，我宣告今天為著這個平安活著。

2020/9/21

這個書寫已經快到尾聲，剩不到二十天，這兩天我覺得進入到我遺族生命最核心的痛苦，就是要原諒孩子的父親和哥哥。當我想到孩子生前所受的委屈與痛苦，和我自己這段倖存歷程的艱辛，由於這個原諒要一筆勾銷時，我幾乎要尖叫、痛哭失聲，這教我無法忍受。若我原諒了他們，一切就要回歸原點，只是心愛的他不在了！我的情感，我的邏輯轉不過來，無法消化這樣路徑的轉變，湧上來的，是巨大的憤怒與悲傷。

這是怎麼回事？為什麼這關這麼難？

我家的自殺背後，也有個醜陋的故事。我只能把這個醜陋鎖在心裡，我只能說一點點。這個書寫要求我在感性的同時，要保持理性；在主觀的同時，要保有客觀；在經驗述說時，要保有理論的爬梳，否則這個書寫就失去了結合經驗與論述的價值。

現在才知道，新聞上看到的那些原諒殺人兇手的人，內心轉折有多大。

生命中有許多際遇，不是我們所能理解或計畫的，接受不了就成為創傷，接受過關就叫成長。我要永遠卡關嗎？還是放手？

我願意選擇放下戰敗國的羞辱、貧困與苦痛。

我選擇為今天活著。

2020/9/22

戲劇治療有個關於「距離」的理論，當我們和議題太近的時候，有太多的感覺感受，易受傷痛的影響而失去客觀的理性。相反的，太遠的時候，則過於頭腦，以理智來分析一切，失去該有的情感溫度。最好的是保持恰當的距離，有感覺有理智，有溫度有冷靜，有淚水也有頭腦，這就是美感的距離（aesthetic distance）。

創傷一向是人類創作的來源，只是這勉強不得。除了要有感受力、想像力、客觀化的能力，還要有書寫的能力，我偶爾能逃脫自殺失落的痛苦，進入這個想像的空間，讓美感來乘載傷痛。2003/10/16我寫著：

她坐在十四樓住家的客廳，望向落地窗外的天際，藍天無雲。倏地，看見他由上而下，垂直穿過，不到0.001秒的時間。是特寫！好似她的雙眼是攝影機，架設在客廳窗臺上，一定是眼球離開了肉體的看見。

0.001秒，一點都沒有誇張的嫌疑，因為重力加速度，使得她的孩子如利箭般射向地心。她伸出雙手想要接住心愛的他，這不容易，因為他已經長得比她高大。兒子的人中已冒出青春的鬍鬚，稚氣的臉龐已透露出成熟的氣息。她與他一向心脈相連，當然捨命也要拉住，那即將墮入空之海的兒子。他們一向相依，而衝力之大，只把兩人一起拖了下去。

0.001秒，沒有誇張的嫌疑。首先，她震驚他絕然的姿態。是什麼讓他選擇以最寂靜的態度，表達最大的抗議？她只心痛，幻象中的綑，如何不能撐住一個實體？若夢是空，卻是裸烈的血腥。縱使對自己很殘忍，她還是選擇與他站在同一陣線；對死亡的讚歌，詞是血、歌是淚、音符是體液，由世上最緊的一根喉管唱出。

0.001秒！穿過一層層的落地窗！他告別的，是這扇窗，不是那扇窗，更不是其他十三扇窗；他告別的，是我坐在裡面的這扇窗，對於以下十三層的住戶而言，他根本沒有穿過他們的落地窗。

沒有誇張，0.001秒。0.001秒，她認識的他不再醒來，她親愛的人，從此消失。時間卡住了，被卡在闇黑粗糙的裂縫。原來攝影不能沒有時間；沒有了時間，按不下那個記憶中的鍵。

我原不要這樣的想像力，我原只要孩子活過來。但今天我選擇為想像力活著，讓想像力成為我的情結，來滋潤我枯乾的心靈。

2020/9/23

當人們討論自殺或者其遺族時，常會只專注在個人內在的精神問題，而忽略了社會的因素。有一號人物不容忽視，就是涂爾幹（Émile Durkheim）。他不同意自殺是由單純的精神問題所導致，而認為是人與社會整合之間的關係，也就是說，人與社會的連結若太強或太弱，就容易自殺。當年他收集歐洲各國的自殺數據，在《自殺論》（*Suicide: A Study in Sociology*）中將自殺行為分成三個類型：利己型、利他型、失範型。

利己型自殺（Egoistic Suicide）是指個體為了個人利益而自殺。他認為這是個體社會整合程度不足所導致，在這種情況下，人感到被孤立、疏遠，或認為生命只屬於自己，與他人無關，因而自殺是個體的事情。

利他型自殺（Altruistic Suicide）傾向發生在一個整合程度過高的社會，個體有極高的團體認同與責任感，甚至不惜自我犧牲，如宗教衍生的殉道行為，日本武士道的切腹就是一例。

失範型自殺（Anomic Suicide）通常發生在社會劇變的年代，而且不論變好變壞，都有可能造成個體失去遵循的依歸。比如個體失去了原有的社會地位或日常生活，發現無法用過去的模式解決問題，選擇以結束自己的生命來終結一切。比如當金融風暴、金融海嘯襲擊時常見自殺潮，當個體失去了經濟的保障，從有產變成負債，就可能選擇一死了之。

該書也提及了第四種類型——宿命型自殺（Fatalistic Suicide），意思是個體無法滿足社會的規範，發現不管多努力也無法改善自己的生命，採取宿命觀點而結束自己的生命。

就這個角度，跟社會學相關的面向比如單身，老人、長期生病又無人陪伴，經濟弱勢等等，都會是高自殺的族群。社會面向與心理面向互相補充，要有多重觀點才能理解自殺這個複雜的議題。

今天我選擇為自己的社會面向活著。

2020/9/24

榮格在他的理論全集中，最接近自殺議題的討論見《靈魂與死亡》（*The Soul and Death*）一書，只是這裡他討論的是死亡，而不是自殺。他在《榮格自傳：回憶、夢、反思》（*Memories, Dreams, and Reflections*）一書中，說到早年親身體會到的「潛意識自殺的驅力」。他個人對自殺的看法是，在某些情況下，有些人難免會走上自殺一途。他曾提過，在臨床工作上若有人說「怎樣怎樣，我就要自殺」，他的回應是：「若這是你的意向，我不會反對。」乍聽之下，好像不是好的治療師會說的話，但這其實是榮格很尊重個案靈魂的自主性與發展。

分析心理學從兩個角度看待自殺：一、自殺是因著環境疏於滿足個體需要，與個體（病態的）性格互動的後果；二、自殺可視為靈魂召喚轉化的象徵。採用第一個角度的榮格分析師，多站在負面經驗所累積的情結，或者人類心靈內在共享的深層機制來解釋人為何走上絕路。比如史都華特提到，生命本能如興趣與喜悅（interest and joy）若被禁止、扭曲，將造成病態的發展。當與社會隔絕，或人格的解組，或承受無以容忍的情感與被負面情感操控時，個體將有可能朝向毀滅自己或者也毀滅他人的方向前進。

赫曼則是主張第二個論點，把自殺視為個體靈魂改變與轉化的需要，成為靈魂召喚轉化的象徵。這樣的論點把自殺視為身而為人的可能性之一，而且認為體驗死亡，即使是象徵性的體驗，可將個體脫拔出陳腐的日常景況與僵化習慣。赫曼認為治療師應該採取中立、超然的客觀態度來面對個案自殺的可能性。

不是所有人都同意第二種主張的高調。像羅森（David H. Rosen）就主張區分自殺與殺自我（egocide）的不同，後者的定義是「放掉受傷與主掌傷害的自我形象與認同」。一個人不需要毀滅自己，只需要除去那個受傷的、絕望的與劇痛的自我。他強烈主張，當個案提及自殺時，主觀與客觀因素都需要仔細評估。我個人也不同意赫曼的說法，治療師為了尊重或提升個案的靈魂意識而不防止自殺是個謬論；中性角度是不夠的，而且是不了解個體自殺的機制。我認為榮格治療師若以「中性」為藉口，有可能混淆自我負面反應（ego-dystonic reaction）與靈魂的召喚，也有可能是疏於治療關係，也有可能是對自殺與死亡之無助的反移情反應。

我原本希望成為分析師，但因緣不具足，但這不妨礙我今天選擇為分析心理學活著。

2020/9/25

榮格提出人格的對立面，男人的內在有個女性叫「阿尼瑪」（anima），女人的內在有個男性叫「阿尼瑪斯」（animus），個體在進入第二個生命階段時，得經歷與這個內在結構整合的歷程，準備面對死亡。這個內在的角色並不是具體的人物，而是潛意識中被壓抑的部分，所以用女性特質與男性特質來描述比較恰當。

這段書寫當中，給我很大的幫助是藉由暴露自己的陰暗面，在陰影中找到正面的因素，由此建立內在正向的情結。情結是兩極的（bipolar），也就是說，情結若不是健康的，就是病態的，各自導致正向與負向的呈現。我曾提到想像力、勇敢、幽默、感性與理性，這些都是人格特質，藉由這樣的爬梳，他們成為我的正面情結，用內在的小我來稱呼他們也可以。

自殺失落曾把我的人格結構給打碎，我曾經極度脆弱，不只是易受傷害（vulnerable），還有虛弱（weak），易碎（fragile）等等特質，我努力重建，而且是建立陽性的力量（masculinity）。他們幫助我面對生命的困難與挑戰，讓我可以像英雄一樣，走向榮格所說的「個體化」（individuation）歷程。這個詞是用來形容個體靈性的發展，強調人生的第二階段是要往內看。自殺失落把這個歷程提前到個體生命之中，強迫遺族去面對自己的生命，所以遺族的個體化歷程極度複雜與辛苦。

我的身心是一片薄膜（membrane），是一片透氣的薄膜，好的壞的來來去去。我要好的越來越多，壞的變得越來越好，這樣我就能好好活下來。

今天我選擇為我的正面情結活著。

2020/9/26

今天週六補上班，經過繁瑣疲累的一天後，踏上過去熟悉的路線，獨自一人去看二〇二〇臺北詩歌節的開幕演出《說吧，香港》。背著沉重的包，提著小卻不輕的筆電，我的內在有紛雜的聲音。「要不要回家？很累了……。」「身上背著這些，很累，人家看演出都是輕鬆的行頭，誰像你穿著T-shirt，一副狼狽樣……。」「我要多親近詩，我喜歡美，美也是良藥……。」「有半年沒有藝術活動，可以開始了……還是去，取消明天的活動，明天可以好好休息……。」

我走進熟悉的餛飩麵店，中山堂就在五分鐘的路程。堂前門口量體溫，填個人資料，繁雜的程序惹得我一陣憤怒。不是他們的錯，是生活的疲累讓我憤怒。就像香港，是個憤怒的城市。演出中提及張國榮，當年他縱身一躍，結束自己的生命。當年他坐在高樓時，腦中想著什麼？以他的姿態判讀，當年他坐在那裡，去意已決。男性通常採用致死率較高的自殺方式。

這麼美的人，就這樣死了。

這兩年的反送中，有不少人以死明志，但枉死的應該不少。自殺，是個人的自由，也是政治手段，不管什麼理由，或訴求什麼，留給遺族的，是無盡的悲傷，一世的哀悼。遺族希望他／她不曾選擇自殺，希望他／她找任何理由活下來，希望他／她可以轉個彎。希望希望希望希望，無盡的希望。

自殺喪親後，我們得從生命的絕望中找到希望，一種迥異於對自殺事件發生前的希望，一種讓遺族可以期待明天的希望。

今天我選擇為希望活著。

2020/9/27

雖然疲累非常，但我開心昨天的詩歌夜晚。他們提到英國，一個我有深厚感覺的國家；他們兼說著英文與廣東話，是我有感覺的語言；他們說著創傷失落，是我曾有的經驗；他們說著憤怒、哀傷、暴力、生離死別、世代交替，是我曾有的情緒感受。

進入學院研讀劇場之前，曾到香港遊過數次，看著聽不懂的戲，追尋著自己的熱情。昨晚藉由香港，我回溯近十年的記憶：英國的身影，戲劇與治療，自殺者遺族的博士研究，與我敏感的身心靈。

熟悉當中，夾雜著掙扎的困頓，與疲倦而來的鈍化。明天又得一早出門，屈就在一個讓自己生病的工作，這就是我的倖存路。過於疲倦、憤怒，自殺意念又會蠢蠢欲動。一個遺族要存活得這麼辛苦嗎？極有可能的。我算是倖存地不錯的了，繼續走下去吧！還沒到放棄的時候。

雖然辛苦，即使疲憊，今天我選擇為我的倖存生命（survivorship）活著。

2020/9/28

孩子的自殺，對我來說有一件很難過去的事情，就是他重力摔下樓之後殘破的身體——骨骼移位、割裂的傷口、出血等等。那是外表可見的，內在看不見的，也是一攤血水吧。告別式那天，殯儀館的人好心為他的臉上妝，卻掩飾不了敗壞的臉孔，那張臉反而教我幾乎嘔吐。那天我根本無法跟他說再見，一個人化成灰，被裝在骨灰罈裡，就這樣不見了，只剩下罈外的一張照片，那是他小學畢業的大頭照，有著靦腆的笑容。

因為目睹自殺者的遺體，那個破碎、暴烈、恐怖的畫面，深切地刻在遺族的腦中，造成創傷的記憶。又因這個破碎，讓死者無法保有完整的社會身體（social body）。最能代表社會身體象徵的，就是一個國家的總統、國王或皇后，他們雖然死了，但他們的精神與人民長存，活在大家的心中；死去的只是他們的肉體，他們的遺產（legacy）化為社會身體，持續接受人們的愛戴、膜拜與懷念。

我們的家屬若是正常死亡的話，就有機會能成為祖先，或者成為內在支持的客體，化為一種社會身體的存在。但因為是非自然死，這個轉化過程非常困難，甚至無法完成，自殺者就成為永遠失落的空缺。

我的孩子告訴我他的傷口都好了，我要放下這個傷痛。今天我選擇為他的社會身體活著。

2020/9/29

今天學校有種菜的活動，一顆顆小小的菜苗，很是可愛，看它們併排在一起，像是好朋友，不禁感受到有伴的感覺真好。

遺族因為自殺事件帶來的汙名化與羞恥感，下意識從社會場域退出來，造成與社會的關係斷裂，被社會隔絕。這個隔絕間接讓遺族更沉默、無語，因為自殺原本就是很難理解的經驗，遺族不覺得別人會懂。在沒有良善的溝通管道之下，扭曲的溝通就產生了。

我曾經沉默很長一段時間，心中帶著這個沉重的負擔。曾經跟家人提起這個話題，他們的回應叫我憤怒。不是言不及義，就是叫我要忘記，遭遇冷淡回應之後，我心中也把門關起來。是經過很久很久的時間後，我才放棄對家人的期待。

這就是為什麼遺族最好的朋友，是另一個遺族，因為我們什麼都不必說，就知道對方經歷過什麼，知道對方的痛，與存活的不容易。當我們相聚時，那種彼此珍惜的情重，不是一般社交場合所能比擬的。在倫敦，遺族團體每月聚會兩次，結束後我們會到附近酒吧喝一杯。我第一次去的時候，有人主動請我喝飲料，讓我很感動，後來才發現大家是用這樣的方式在表達愛與關懷。就像遺族團體的帶領者（志工），為大家捧上一杯茶，光是這個動作就夠了，我們都是為了彼此的存在而現身。

也許有天我可以跟其他遺族朋友有個茶會，我們會像簇擁在一起的菜苗，給彼此溫暖。今天我選擇為這個夥伴情誼（companionship）活著。

2020/9/30

我受夠了每天大包小包地出門，疲累的敦促下，買了一個可以拉的行李包，四輪，有很多拉鍊、隔間讓我可以把東西分類放好。我把筆電、運動更換的衣服與盥洗用品都放在裡面。以後一個包就夠了。感覺生活會輕鬆許多。

這個包就是個涵容器皿（container），包容我生活中的需要，讓我的重建生活更加順利。Containment在心理學是個重要的概念，用來收納個人的情緒與情感，尤其是負面的情感。當心理治療快結束，卻沒有足夠的時間去處理揭露的情緒經驗時，我們就把它們暫存在一個盒子裡，等候適當時機再打開來，讓個體可以走出診療室，回到日常生活。Containment說的是一個人涵容自己情緒的能力，個體除了建立內在調節的能力之外，藝術形式、神話、象徵，都可以是乘載的器皿（vehicle）。

西方神話中關於創傷失落的復原有一個很好的象徵，就是大地母神狄米特與她的女兒帕瑟芬（Demeter and Persephone）。為母的狄米特失去愛女，與諸神斷絕所有的關係，很長一段時間不吃不喝不洗澡，無法恢復日常功能，更不管農事。在不管農事的那段時間，她隱姓埋名去當別人家的保母，導致飢荒威脅人間，人們不再祭祀眾神。她堅持宙斯要幫她把女兒救回來，但因女兒已經吃下冥神給的六顆石榴籽，只能回到人間六個月，另外半年得在地府做冥神的配偶。這個神話說的是，雖然狄米特的外在脈絡改變了，但自我持續運作，讓她可以重獲（reclaim）女兒回到人間幾個月，與她團圓，讓失落得以擁有並加以轉化，成為身分認同的一部分。

重建的路漫長艱辛，今天我選擇為我的旅行包（container）活著，因為它會跟隨我到美好的未來。

2020/10/1

今天是中秋節，雖然嫦娥奔月被寫成美好的故事，但我總懷疑她服毒自殺，才飄往月宮去。過往中秋，總是倍加思親，人家賞月是看嫦娥與白兔，要不也是吳剛伐木的影子，我則看著天際，想著死去兒子的蹤影。

同樣端午節，屈原因愛國而投江自盡，人們包裹粽子丟到水裡，希望他的屍體不被魚給吃掉，搜尋遺體的出航打撈，演變成划龍舟競賽。

人們極有辦法對付生活的災難，粽子吃著吃著，也就不論當時屈原的家屬如何面對他的自我了斷。月餅送來送去，遺忘了嫦娥的父母如何面對女兒的服毒。

這些野史，不會有人紀念，許多遺族，在背地裡，無語問蒼天。屈原的遺體就算被找到了，也會浮腫地教人作嘔；嫦娥就算被救回到地球，也因藥物中毒而終身殘廢吧？有時想想，兒子沒被救活過來，也許不是壞事，要不我書寫著的，可能就是如何走出兒子變成植物人的悲慘歷程。

哎呀，是活是死，都是慘事一樁。

還好人類包裝災難的能力教人讚嘆。在英國時，我會上中國城，買餅買粽子，再吃頓家鄉飯，度過在異鄉的孤單。

在臺北，無數的月餅，空氣中瀰漫的烤肉香氣，讓我今天選擇為手中的中秋月餅活著。

2020/10/2

這個書寫已經進入倒數階段，再七天就一百零一天了，好難相信哦，但這是真的；曾經以為不可能的任務，現在終點在望了。我問自己有什麼還沒有說的議題，還有什麼要交代的。回顧二〇〇三年的筆記，有幾個主題重複出現：與兒子的對話來消化這個自殺失落；因為羞恥罪惡，在心靈中產生贖罪的心態；對上帝的憤怒來面對自殺發生在自己身上；與憂鬱角力，想要找回自殺發生前的健康狀態。這些主題互相連結，我只能大致歸類，最後一定要再提及自殺情結。就讓我一個一個說吧。

當年我最常問的，就是兒子你為何自殺。2003/10/20 一篇長長的對話：

你怎麼捨得離開我？怎麼捨得將我拋下？午睡醒來，思緒一片混亂。努力回想佛法咒語，我有些著急，平常所持的咒語，為什麼想不起來？憶不起那些熟悉的聲音？死亡時也是這樣吧？一切是那麼混亂。你的自殺，當時你所面對的，當比這種混亂還混亂吧？我不知道，我只知道這是很難受的狀況；你掙扎地想醒來，卻醒不過來，被一團混沌壓得喘不過氣來，卻什麼也不能作，只能投降。這當中有多少不願？有多少後悔？多少怨恨？難怪人家說自殺的生靈很辛苦，因為他們要走出這一團負面的情緒能量，需要很強的帶領。

我只是無止境地想念，你怎麼捨得就把我留在人間？一人離去？你知道我愛你嗎？你知道我想你嗎？你知道你死了對我而言，是多大的打擊嗎？以你對我的了解，我想你應當知道的，既然你知道我對你的感情，為什麼你仍舊如此選擇不歸路呢？我真的有許多不解，有許多的疑惑，沒有人可以回答這些，沒有人可以給一個理由。但這些聲音在我心裡盤旋不去。

昨天在禪一一直想著這件事情，你是如此毅然決然地想離開，以你的聰明判斷，那樣一定會死。你選擇了確定死得成的道路，那個從十四樓通到頂樓的樓梯……。我無法想像當你踏上最後路途時，你想些什麼？你有沒有想過要回頭？才十二歲的你，如何能有這樣的決心？你的去意那麼堅決，想必想了很久了。想不到小小的你，已經在面對生死的選擇，我真粗心，真大意，你對我一定很失望對不對？你對我一點信心也沒有，所以你沒有跟我說你的狀況，你把一切都放在心裡。

幾個段落後，我這麼說：「其實我需要理由，我真的需要理由，但沒有人能夠給我這個理由，所有活人都沒有辦法；除了神回答我，你回答我，或者，我放棄尋找這個理由。」

這些大段看似對話，卻是獨白，訴說著剛成為遺族的種種，消化著為何孩子自殺。我說了又說，或多或少，不斷重複。

說到今天，決定不說了；但我選擇為這些生命的獨白活著。

2020/10/3

遺族因為羞恥罪惡，在心靈中產生贖罪的心態是一種對「超我」（superego）的反應，潛意識裡面希望透過這樣的贖罪，可以把負面經驗一筆勾銷，讓自己清白，或者「努力」做個好人，讓自殺者沒有白死。2003/10/20我寫著：

是因為你的愛，我才成為一個母親；我有這麼多缺點，你卻毫無保留地愛著我。是你的純真、善良、你的接納讓我得以身居母親的角色，這十二年來，你是我生命中最珍貴的禮物。也許我不該抱怨只擁有你十二年，我應該看見自己曾擁有過你十二年的光陰，你教導我人間最寶貴的愛，我還何所求呢？

我要感謝你，謝謝你的死，把我拉出這個泥沼。表面上看來，你負氣去死是件殘忍的事情，實際上卻完成了一件教導，一個大愛的啟示。你告訴我，我們要相愛，沒有愛就沒有一切，沒有愛一切都沒有意義。你犧牲了自己，卻帶來這個重要的啟示，我真的要好好謝謝你。我有那麼多無明習氣，沒有這樣的震撼教育，可能還執迷不悟。你的死，讓我看見我的自我有多膨脹，自己是多麼自私，我真的慚愧、無言，我真該要好好懺悔。我怎能容許自己渾渾噩噩？我不能！我要好好站起來，這樣才能對得起這一切。孩子，我要好好站起來，做個有用的人，走出個人的悲痛。

當年我孩子自殺只是要解決他的痛苦，而不是我犯了罪或者我很壞。期許自己要做個有用的人，是我放大他自殺的事實，給自己找來一個悟性的理由。

我不需要承擔這個沉重的反應，不需要為了贖罪活著。

今天我選擇為自己活著。

2020/10/4

還需要再講一下贖罪與代罪羔羊。

波麗莎（Sylvia Brinton Peresa）研究猶太文化中替罪羊的儀式（scapegoat ritual），提出「代罪羔羊情結」（scapegoat complex）的理論。該理論研究的是咎責（blaming）與代罪羔羊如何維繫著文明的發展。所謂替罪羊，就是找一個替死鬼，把所有罪名都歸給他，然後予以宰殺；或是揪出那個被認為做錯事、邪惡的人，然後將之驅逐出境，如此讓其他成員保有一種無罪、潔淨感，再度與集體行為的標準對齊。替罪儀式之後，人們覺得輕鬆了，不再背負不為「理想自我」（ego ideal）所接受的負擔。然而，負罪的人被迫認同那些陰影，覺得自己有罪，很差勁，與被排拒，甚至超乎他們個人所應背負的責任。

自殺發生時，親人往往互相指責，認為對方要為自殺（者）負責，甚至被妖魔化（demonized），也就是說，自殺者遺族往往被投射、或彼此互相投射為代罪羔羊。提出這個觀點當然不是說社會對遺族的苛待，只是指出影響我們看待自殺背後的原型動力（archetypal forces），因此與遺族的互動可能有所偏頗，比如過度指責、緘默、認為遺族一定做錯了什麼。

我自己也曾被這個情結給擄掠——我難以原諒孩子的父親和他的哥哥，癥結就在這裡。我也曾經想，為什麼死的是他？而不是他？或他？當時兒子跟他們住在一起，我覺得他們要負最大的責任。然而，真的是這樣嗎？若前一晚他們就知道兒子會自殺，他們會睡得著麼？他們不會出手搭救嗎？

顯然我是錯待了他們，顯然我想以此來證明自己的無罪，顯然我欠他們一個道歉，即使他們也可能想過，死的為什麼不是我。

此外，遺族作為替罪羊的形象，比較不是被宰殺當作犧牲的獻祭，而是那種被畫上記號的替罪羊，被遣送到荒蕪之地，遠離人類集體意識的場域，浪跡天涯。人們只想繼續生活，忘了替罪羊，忽略她，不管她，希望世界會替她自行了斷，希望自殺會不見，希望遺族會把自殺給忘記。

面對如此重大創傷性的失落，自殺者遺族除了走過哀傷路，他們需要被重新接回家，他們需要被族群肯認，他們需要被社會了解，他們需要世界的擁抱。

今天我選擇為這份自我了解（self-knowledge）而活著。

2020/10/5

自殺發生後，遺族很難不憂鬱，有時得需要精神科的幫助。不過，這憂鬱也許不完全是疾病，因為失去至親原本就是教人痛苦的事情，更何況是創傷性的失落。榮格相信在人的心靈裡面，有正面的發展潛能，用此來詮釋遺族努力想要找回自殺前的健康狀態較為合適。我覺得憂鬱不可怕，可怕的是，認為憂鬱定一生，或者撕不下憂鬱的標籤。2003/11/22我寫道：

失去了最親愛的人，我失去了活力熱情。一開始是混亂，無法理出秩序，漸漸才碰觸到極度的痛。這痛，如海浪，一波波襲向沙灘、襲向大海、襲向陸地，日復一日，上演這種襲擊的劇碼。在記憶中，站在沙灘邊，海面數條平行的波浪，由近到遠。它們二話不說地朝地面而來，遠遠的海面總是那麼平靜，不知道海邊的浪濤，從哪裡來的永不止息的活力，來來往往，毫不倦疲。它們怎麼這麼有活力？我想像他們一樣，希望我的熱情回來。

約三年後，我依舊與憂鬱角力著。2006/6/28我寫著：

就像這兩個月來我嗜睡如癡，醒來的世界暈眩如常，我越睡越長，越發無力面對失衡的世界。失去兒子沒有關係，只要找到方法活下來；沒有了一切也無所謂，只要找尋到快樂的配方；肝腸寸斷無傷大雅，只要心臟還能蹦蹦跳。

沉溺在自身的痛苦已經很久了，我何時會醒來？我何時要清醒？我如何可以脫身？當頭暈莫名所以時，我只想死，停止這一切，不想殘缺地活著。有人用截肢的比喻來形容，教我痛到心坎裡。患病許久，我沒有想過自己殘廢了，從沒有想過要去適應殘廢後的世界，因為還一直在正常的邊緣掙扎，「不！我不要。」

其實殘缺也可以活得很正常，我在和什麼拉扯？為什麼我不說「yes」？

一般人會憂鬱不是單一因素造成的（bio-psycho-social），遺族的憂鬱更複雜，夾雜了創傷失落所造成的人格結構的瓦解，防禦能力的減弱／失去，支持網絡的破碎，與內外在資源的缺乏。若不是心靈裡面存有向上的力量，個體是很難抵擋黑洞的地心引力。二十年來我在健康與生病之間來回，在復原與復發當中往返，到今天我才看到完全康復的可能。

能有這樣「好」的發展，除了熟悉自己的身心模式，還有對大腦結構、認知與思想模式有某種程度的了解，加上心理治療的經驗，與一股不放棄的心。最後我是在靈性找到依歸與支持的力量，來面對每天的情緒起伏，對生命的種種說「是」。

今天我選擇為自己的努力（effort）活著。

2020/10/6

失去孩子的初期，我對上帝極度憤怒，常常跟祂吵架，為什麼死的是兒子，而不是自己；為什麼祂允許自殺發生；為什麼祂讓自殺發生在我身上……。但我終歸是人，面對生死，其實無能為力，只能學習接受，我就在認錯悔改與憤怒張狂當中來來回回。2003/11/9我寫著：

佛陀，我失去了一個兒子，那是我很心愛的兒子，可愛活潑。原本以為他會有個光明的未來。佛陀，他在六月二十四日那天，跳樓告別了人間。這一切都是我的錯，我太自私，太自我，沒有好好愛他。沒有讓他知道，無論如何，我都愛著他。甚至在最後幾個月的時間，我有點放棄了他，為此我深深自責，因為我沒有給他支持，沒有給他溫暖，讓他沒有活下去的理由與勇氣。我太疏忽了，每憶及此事，我的心就一陣酸楚。

佛陀，這樣不公平，不應該由他來承擔這一切。他才十二歲，才小學畢業，就這樣走了。他感受不到溫暖吧？他在夾縫之中，卻無人伸出援手，作為最接近他的母親，我最為罪過，我先棄他而去，讓他的生命頓時粉碎。佛陀，我好難原諒自己，我不知道如何面對「未來」。佛陀，這件事在我的生命旅途中炸開一個大洞，我的生命世界一片廢墟，我不知道如何活下去，請幫助我，我只知道我不能也這樣跑去死。但人太懦弱，人真的懦弱，我（們）需要精神指導。佛陀，請對我伸出祢慈悲的雙手，接引我往修習道上前進。請求祢。

約三年後，2006/6/28我寫著：

老天，你的悲憫哪裡去了？我受夠了，去你媽的，我不玩了，可以嗎？老天，我不玩了，可以嗎？請你放過我好嗎？全世界的人都是你的子民，我不是，我已經把白手套丟在地上，你看見了吧？我將轉身離你而去，遠走他方，永不回歸。這裡是我的異鄉，而非故居，原來，我一直活錯了地方。我知道這一切都是為了經驗，但我可以不必有你，我棄絕你，只因為一切來自於你，完美來自你，缺陷也是。而這些，我膩了，煩了，夠了。操你媽，我受夠了。跟你玩遊戲，你永遠是贏家。這一切都是裝模作樣，因為或早或晚，人們都會下臺，而你依在。你是否想過這有多不公平？我要求正義！也許我不必跟你囉唻，我只要成為你，篡位成為你，我就是贏家。我將能擺脫一切殘缺；那麼，殘缺的人將是你，而不是我。

能對神發出憤怒對遺族的身心健康有很大的幫助，因為我們真的不知道為什麼親愛的人自殺，為什麼悲劇發生在我們身上，為什麼我們要承受這些苦難，為什麼為什麼為什麼？現在的我當然會說，沒有為什麼，事情就發生了，二十年後我才能接受，這件事情找不到答案。

也許，神也不知道為什麼這件事會發生，但我們要告訴祂我們的痛苦，讓祂在這個傷痛中跟我們在一起，一同面對、走過這段憂傷路。今天我選擇為這些與神的爭吵活著。

2020/10/7

雅柯比（Jolande Jacobi）研究榮格情結的理論，認為我們的自我對情結有四種態度：完全不知它的存在（total unconsciousness of its existence），認同（identification），投射（projection），或與之面對（confrontation）。也許我對自殺與遺族的議題浸淫許久，不覺得這些議題的沉重性，與之有種自然的關係。也因為經驗，了解到自殺是人的選擇，不完全是因為精神疾病所導致，因此與自殺有著亦敵亦友的關係。友就是，自殺動力的浮現告訴我們生命有地方不對了，要去面對了解，與之為友（befriending）。敵就是，不能單方面地對黑暗投降，因為一不小心我們就掉入黑洞——因為沒有看到雲上的太陽，以為陰影就是生命的全部。

我用自殺情結來詮釋自殺者遺族內在變化的歷程中發現，在我之前，榮格分析師羅森在《轉化憂鬱》（*Transforming Depression*）一書中，就曾經交替使用過想自殺的情結（suicidal complex），自殺本能（suicide instinct），與自殺情結（suicide complex）這些詞。他的研究著重在憂鬱之後想自殺的族群，我則用來詮釋遺族在經歷自殺失落之後，因為目睹自殺現場，或者哀傷歷程中，思索人存在的有限，或者因為前人這麼做了，對自殺產生一種接受的態度，在心靈之中生湧而上（emerging）的一種情結。

齊爾堡（Gregory Zilboorg）提出對死者的認同——想要加入死人行列的慾望。這股遠古的力量潛藏在人類的心靈裡，不能只用社會的疾病或精神疾病看待之，而是本能顯現的一種形式。身為「資深」遺族，我已經接受兒子自殺的事實，努力重建生活中的破洞／碎，我不想透過自殺去尋找、或與兒子團聚，但當我極度疲累、或被生活挫折給打倒時，我就會懷疑活著的理由——生活有什麼值得留戀的？受苦的意義在哪裡？撐著為了什麼？每個自殺的人都是由這樣微小的意念開始的。

有時我累到無法面對他（自殺情結），暫時失去與之為友的能力，也就是到了自我的極限，這時我只能禱告，求上帝幫助我。今天我選擇為禱告活著。

2020/10/8

今天在學校大哭了一場。

九月份單位給我的工作量過重，但單位拒絕了解，以每個人都很忙來塘塞我的口，並將彈性上班的申請退回來。我勇敢地堅持自己的看法，單位主管「勉為通融」同意申請，再度強調工作是責任制，沒有加班這種事，並說以後得視情況當天下午提出來，附帶提醒說也許申請也不會過。

下午三點半就發生了一件需要在當天完成的事，單位主管在眾人面前拒絕了加班申請。除了感覺自己的努力不被認可，也感覺被羞辱，不被珍惜、與被剝削。這個經驗勾起我做著不適性工作的痛苦，與努力要活下來的委屈。我可以選擇因此消沉，讓自殺情結帶著走，或者我可以選擇對生命大聲說「是」，更加努力地活下來。

職場存在許多的權力角力與剝削，身為遺族的我需要有膽量、精神來面對，除了要處理情緒反應，更要有智慧來面對體制上的不公與歧視。任何大大小小的挫折，都會引發自殺情結來共舞，終歸一句話，革命尚未成功，遺族仍須努力。

今天我選擇為自己的革命大業活著。

2020/10/9

今天是第一百零一天，這個書寫計畫的句點。這段歷程我完全打開過去的經驗，以每個當下為出發點，消化自殺失落與倖存的歷程，期許可以走向更好的明天。最後一天我要說什麼呢？

艾丁格（Edward Edinger）以煉金術為象徵來論心理發展，提出靈魂轉化的四個階段：首先是發黑（Nigredo）階段，類似進入憂鬱的歷程中，生命進行價值的重整，很多粗糙的層面都得死去。發白（Albedo）階段專注在意識與潛意識的溝通，導向本我關係的建立，也就是內在的深層連結。發黃（Citrinitas）階段則在於發掘與世界、他者，和親密伴侶的關係動力，也就是在重新連結內在之後，往外與外界（重新）建立連結。發紅（Rubedo）階段則在新的內外在關係中，專注個體化的歷程。這四個階段看似線性，但在心靈上是同時存在與同步變化著。

自殺將遺族的生命推入黑暗，這是一段暗夜的歷程，在自殺情結或隱或顯的驅使下，人想殺掉的「東西」有可能是部分的自我（比如罪惡感），內在客體（比如「壞的我」），痛苦、失敗的經驗，或者是抽象的理念（如不公義或者虛無）。自殺動力裡欲去除（killing）的元素有很多，最想除去的就是自殺在生命中發生了這件事情，與它所帶來的震驚、破碎、痛苦、羞辱感、罪惡感。不少遺族跟我說過，摯愛自殺是無可逆轉的事件，那個自殺前與自殺後生命樣態的決然斷裂，撕裂了我們的心與生活的肌理。我們渴求完整（wholeness）卻不可能，渴求連結卻很孤單，渴求整合（integration）卻極度艱難。

這個經驗命中注定地，要與我們共處一輩子。遺族要作的，除了哀傷，接受，放下自殺者，還要重建破碎的內外在，重新連結意識與潛意識，把自殺失落納入生命成長的轉捩點，走上個體化的道路。遺族要讓自己成為煉金師，把復原的歷程當作是煉金術的歷程，每天看著自己的燒瓶，對之投射所有的心理經驗，期許汙黑的礦石能逐漸變紅變白，調鍊出無價的黃金。

這是不可能的任務，但只有這樣才能過這一生。

我孩子的自殺曾經讓我痛不欲生，曾經讓我也想一死了之，但我選擇為他的自殺活著。

7 繼續走下去

我發現在痛苦的核心，找到一丁點不放棄的元素，宣告為它活著，成為堅持活下去的理由，是對峙自殺情結最好的方法。有時候這個元素俯拾皆是，但當我們痛苦的時候，再好的東西都留不住我們。要活下去需要勇氣，也需要決心。我希望你可以對生命說「是」，然後操練繼續生命旅程的工具。

在這書中我運用了幾種療癒手段：

矛盾療法：類似意義治療的矛盾意向法，我在不甘心的狀況下，直覺地用子之矛攻子之盾。在活不下去的狀況下，選擇為這個狀態活著，那麼「活不下」將對你沒轍，你就可以過那一關。我這麼做之後，體驗到自己從失敗方變為戰勝方。只是要注意的是，當個體活不下去的時候，不見得是強迫意念，也不見得是困擾行為，而是真正的困境。有時一個人活不下去真的有結構的因素，有人格的，有人際之間的，有環境的，甚至有關係到政治體制的。

保持希望：若你活不下去有結構的因素的話（其實大部分都有），那麼除了就醫或者找到解決結構的方法之外，就要保持希望。這看似廢話，但當一個人走到人生盡頭的時候，唯有希望能夠支持她繼續走下去。不要去計較希望是否真實，是否會成真，就緊緊抓住一個希望，甚至是一個模糊的希望感，這是我們的靈魂支持我們的方式。有時信仰可以是希望的來源，可以從你的靈修信仰或教義中，找到這個希望（感）。

與痛苦為友：在希望（感）的支持下，透過不斷對話，讓負向情結浮上意識層面，甚至選擇為他（負面情結）活著，承認他，接受他，就有可能將之歸順為正向情結，建立心靈支持的網絡。

使用象徵符號（symbol）：象徵的使用，可以建立受苦歷程的意義感。比如狄米特與她的女兒帕瑟芬的神話，作為哀傷失落的象徵，把勇士（hero）作為自身奮戰的象徵等等。文中我使用了煉金術為象徵，不求痛苦離開，而是讓痛苦能經歷煉金術的過程，讓煉金術成為我生命成長的象徵，加強自己涵容痛苦的能力，讓受苦變成養分回過頭來滋養生命。

宣告：這是我在教會生活學習到的操練。宣告非常符合正向心理學，它是對我們潛意識輸入正向的話語。我們不求潛意識裡面的陰影消失，但透過宣告我們可以建立意識的正面力量，連結正面情結，來對抗黑暗的力量。

我希望你不要放棄，在有活下去的決定和勇氣之後，讓你的直覺帶領你，寫出你的一百零一個活下來理由。

8 負傷的遺族

人在遭逢負面的重大事件後，如何能夠戰勝失敗，再站起來？原本生活順暢的人生，在親友自殺後，生命也塌陷了，放眼荒蕪，如何重新開始？不管死的是誰，自殺永遠是悲劇，與自殺者有親密連結、或者關係愛恨交織的遺族，受創往往最深。遺族是一輩子的功課，不是三、五、十年就可以了結的。歷經這個「個人集中營」的剝削、傷害、撻伐、痛苦，我們已經與過往不同。我們外表也許看似沒什麼改變，但內在已經重組，就像電腦經過重組或更新，無法逆轉，許多創傷的記憶需要處理，許多的破碎需要撿拾，許多的破洞需要縫補。這樣的話，我們怎麼活下去呢？我們可以有正面的轉變嗎？

與其提倡遺族「走出來」，「走過傷痛」，「忘掉過去」，「勝過悲劇」，我要用「負傷」來形容遺族的狀態。負傷（woundedness）一詞採自「負傷的治療者」（the wounded healer），這是榮格治療學派提出的概念，指的是治療師因為負傷而能夠理解個案的心理歷程，能夠善用情感轉移的感受，提供給個案所需的分析與治療。這個詞後來泛指任何經歷傷痛洗禮的個體，因為與傷痛日久相處而了解病灶，或者長時與病為友，由內而生的療癒知識與能力。也就是說受了傷，進而有負傷的可能。負傷，好像帶著結痂的傷口，膿血已盡，但疤痕紋身。負傷比創傷多了療癒的歷程，由傷痛之中發展出內化的力量，它是化咒詛為良藥，化悲傷為祝福的前提。

負傷理論的另一個源頭是「負傷的研究者」（the wounded researcher），由羅曼尼辛（Robert D. Romanyshyn）所提出。他在《負傷的研究者》（*The Wounded Researcher*）一書中，以優雅的文字描述研究者如何帶著靈魂來做研究。這樣的研究者不被理性至上或科學論述所綑綁，而是懷有心靈深度（with soul in mind）、性靈敏銳的研究者。負傷的研究者並不是一味地憑感覺，或否認理性，而是了解到科學量化在人類心靈中造成的鈍化與誤導之後，主動地要理性退位，由情感來掌權。尤其在人文、精神的領域，需要的是以纖細的靈魂來書寫，用詩的語言寫出人類的精神地景，用感性的文字來描繪人文的淬鍊。這樣的選擇需要勇氣，研究者也要有本領來面對「不夠科學」的指控。負傷的研究者是由酒神賦身（embodied）的知識份子，是戴奧尼修斯的門徒，與太陽神面對面，與宙斯分權而立，主宰著人類深層的靈魂。

受創慘烈的遺族，在特殊的因緣之下，有可能成為「負傷的遺族」（wounded survivor）。我們的疤痕不會不見，不會消失，撕裂的傷口癒合後也不會是滑順的皮膚，這個疤痕成為我們永遠的記號。我們可以接受這個疤痕，讓它成為我們的一部分，我們永遠沒有辦法用美容手術來弭平它、美化它，或者用雷射來讓它成為美麗年輕的面皮。但我們可以讓這個傷痕成為生命的動章，只是這個動章不是代表成就，而是代表曾經受苦的程度。我們可以在上面插上一朵花來紀念自殺者，緬懷他／她，紀念他／她，祝福他／她，就像猶太人在墳前擺上石頭一樣。

負傷的遺族能夠打開傷口，讓他人看見，但不期待人們的憐憫。負傷的遺族有敏感的感受能力，能夠聽到言語底層的傷痛，但不因此再流血不止。負傷的遺族能夠站在人們面前，坦然無懼地談論自殺與創傷，面對所有因自殺失落而來的負面經驗與評價，但不因此陷入自責或罪惡感。負傷的遺族決定接受生命的悲劇，接受與自殺者生前的種種是非、愛恨情仇，但不讓它成為背不起的十字架。

負傷的遺族是一輩子的功課，一輩子的面對，一輩子的哀悼，一輩子的道路，一輩子的療癒。這成長近似於濟慈（John Keats）所說的「負面的能力」（negative capability），在生命的神祕之中，在悲劇命運的不確定裡，在創傷意義的擺盪之下，保持開放與接受的態度，繼續走下去。

9 關於創傷後正面發展的理論

由於自殺對於遺族與家庭是重大的創傷與負擔，因此早期對遺族的研究多集中在負面的影響，比如遺族有較高的自殺率與較高的精神疾病。逐漸地，有研究者採取相反路徑，開始找尋正面的影響。

當代心理領域有兩派理論來詮釋人如何戰勝困境、走出傷痛。一是在二次戰後創傷後症候群的理論之後，研究者提出創傷後成長（Post-Traumatic Growth），或說正面成長（Positive Growth）理論，來平衡創傷模式的負面詮釋。二是在一九七〇年代，研究者發現在戰區、或者破碎家庭長大的孩子，有些人一蹶不振，成為問題人物，但有些人卻能發展出「韌性」（resilience）的特質，超越困境。韌性指的是個體在生活壓力事件中調適的能力，也就是在極困苦的情境中，正面應對困境的動力過程。這些理論問世後，就被用來改寫創傷後負面反應的單一模式，在經歷創傷打擊之後，人除了生病、憂鬱、創傷後症候群等等之外，多了一種可能——就是如何戰勝病魔。

可以問的是：當自殺發生後，遺族如何在一片混亂當中，沉穩地面對一切？如何在最短的時間，恢復日常的結構與維持個體運作的功能？如何容忍自殺者離去所產生的系統失調？如何忍受自殺帶來的傷痛與大量的負面情緒？如何應付自殺發生後的失落、痛苦、混亂、失序與解組？如何應付這個從天外飛來的災難？如何在自殺者已逝的這個世間活下來？這些都硬生生考驗著遺族。遺族可能失去結構，經歷很長時間的不穩定——生活的不穩定、經濟的不穩定、人格的不穩定與情緒的不穩定。自殺可能帶來暫時的失能，這樣的失能也可能是永遠的。遺族發現再也無法從心所欲，快速地調整腳步，因為失落的沉重教人憂鬱生病。當既定的世界已經粉碎，生命的樣態已經變形，遺族如何能受得了呢？當賴以為生的國度崩解，而從生命主人的寶座上跌落下來，遺族如何拍拍身上的塵土，神情淡定地說，「沒關係」？

遺族光是應付這些逆境就夠難了，這些歷程消耗了許多能量，拖垮了健康，而且要走很久很久，才有可能產生後成長與轉化。我必須強調「可能」，而不是「一定會」，因為有太多因素影響著遺族是否能夠活出逆境——需要物質資源、醫療資源，需要內在資源、心理強度，需要親友的關愛、環境的支持，需要有人傾聽、有人同理，需要生活的結構、社會的接納……，這個名單很長很長。有人就一輩子成為精神科的病人；有人持續被自殺情結攪擾得無法安寧；有人消化不了自殺失落，乾脆就不管它，任它流血發膿；有人就處在不想活，希望老天爺主動出手來把性命取走的心態。

遺族很容易指出負面的經驗，但要找出正面的發展卻需要努力分析和反省。而且很重要的一個觀念，就是遺族並不想要在這悲劇的失落後，從中獲得什麼正面的結果，像我英國的受訪者所說的，這其實由不得我們，「我們繼續

『活著』，一直繼續『努力』，因為我們沒有其他的選擇」。所以不要用正面的發展來評估喪親未久的人，這樣太殘忍，太不人道。我自己五年後才勉強探出頭觀望，十二年才完成博士論文，而且這十二年我只做一件事，就是消化這個失落。這十二年當中，我無心上班，無心賺錢，無心社交，無心美食，無心旅遊，無心玩耍，我有幸活到今天，是因為接受了許多人的善念與幫助。有多少遺族沒有這些時間與空間？有多少遺族被命運推著走，根本來不及消化就被迫「長大」？有多少遺族扛著活下去的責任（比如照顧未成年孩子），根本來不及重整？有多少遺族身陷錯綜複雜的情感網絡，久久不見天光？光是這些就夠慘了，遑論正面的發展！

還有，遺族的成長絕不是線性的反應，而是一個流動的過程，在個體生命的種種層面同步發生。而且發展過程完全不是遺族可以計畫的，我們沒辦法說，好，我只要傷心兩年，然後我要忘記過去、繼續向前。也不能天真地說，因為生命暫停了多久，我們要加緊腳步，把失去的快速補回來。創傷之後的心理復原，不會像運動訓練肌肉般，搭配蛋白質飲品就可以長出來的，它不是我們可以汲汲營營，精打細算的結果。雖然它不能以量的方式來計畫或規畫，但可以被營造（facilitated）——營造能促進正面轉變的環境、脈絡，與現實。也就是在度過了創傷失落的急性期，也經歷了自殺喪親所造成永遠的空缺、感受到極度的孤單、寂寞、痛苦之後，遺族了解自殺在生命中造成的破壞，有意識地採取行動，轉變對人生的價值與態度，決定要活出困境。

而且，這些正面的發展，總是在出現之後才被發現的，它們不能被預言在某個時間點出現，而是在個體遭逢創傷之後，極盡所能地應付生命困境後的翻轉。某些遺族似乎能在人格上和生命上達到一種質性的改變，透過足夠的時間與空間來消化失落和統整這經驗，他們讓這質性的改變成為他們的一部分。

雖說每道烏雲都會有一道銀邊，再難過的日子可能會有平坦的時候，這個正面發展的論述只是用來平衡負面結果的論述，只是用來描述靈魂超越創傷失落的潛能，而不是一種要求，更不是遺族該負擔的責任，或是用來評斷他們的標準。遺族能夠活下來就是韌性，能夠應付逆境就是成就，能不能活出困境、活得好不好，則要看個人的資源、身心靈的修復與社會的支持。

10 兩個正面發展的案例

要論臺灣的自殺者遺族，呂欣芹是個標竿人物，她可以說是民國以來首位出櫃的遺族。二〇〇六年，她的碩士論文《自殺者遺族悲傷調適之模式初探》，得到優秀論文獎。她與方俊凱合著的《我是自殺者遺族》，是臺灣第一本以遺族為對象所寫的書，其中三分之一的篇幅是他們的親身故事，三分之二則是改寫遺族的訪談與分析。在接受媒體採訪時，欣芹公開姊姊自殺的經過，也不諱言曾經自傷的經驗。任何人要書寫臺灣當代的遺族歷史，都得從她開始說起。在她經歷姊姊自殺後，漫長悲傷旅程使她不覺得有人可以真正做到「接受」親友用自殺方式離開。喪親之後，一般人不知如何面對悲傷，認為遺族沉浸在悲傷是不好的，或者該有所節制，但欣芹認為遺族要接受所有的情緒，尤其：

> 悲傷是一種最高尚的情緒，這是給失落的一份禮物。自悲傷中復原所獲得的最大好處是，我們克服了最糟的狀況並登上了頂峰，可以成為一個不同於以往的人，比從前更好。

接下來我想介紹兩個遺族，他們都用不同的方式來活出生命，對於所謂「正面的發展」，他們都有不同於我的定義。我不會描述他們失落悲傷的歷程，而是聚焦在他們自殺喪親後，如何經營自己的人生。我對他們提出了以下五個問題：

1. 請問您的本名？自殺喪親的人是誰？當時您幾歲？
2. 請問您在他／她自殺以後，曾有想自殺的想法嗎？可以請您描述最糟的狀況嗎？

3. 可以說說在倖存的過程中，您最常出現的模式是什麼？最常使用的策略是什麼？

4. 您如何走到今天？可以請您說一下支撐您的正面人／事／物（內外在皆可），或是正面的信念嗎？

5. 聽到自殺者遺族「正面的發展」，您第一個反應是什麼？可以說一下您對這個概念的看法嗎？

問他們的本名，是徵求引用他們本名的許可。在這本書中我公開自己的遺族身分，若是虛構名字，在文類屬性上將造成矛盾，我感謝他們給我許可，這是出自他們明確的決定。會問自殺者的關係與年齡，則跟遺族面對的挑戰與困難有關，與後來的身心靈發展會有關連。比如若失去的是配偶，如何獨自養育子女與撐起經濟將會是主軸；若是失去的是好友，如何面對斷裂的連結與同儕的身分認同將佔據大部分的心力。時間軸上，若在未成年時經歷親友自殺，相比發生在老年，就人格結構、內外資源、生命階段等等不同的議題，經驗就有很大的差異。這樣只是概分，讓大家理解每個遺族面對的，都是一個獨特的景況。每個遺族倖存的生活，都是獨一無二、無可取代，就像指紋一樣。相同的是，每個遺族都盡力在面對自殺者離去的生活，每個遺族都努力活在摯愛已逝的世界，不管結果是身陷疾病，應付逆境，或者活出困境。

會問最糟的狀況與正面的能力，是我相信遺族的人生是在生死之間擺盪的人生。自殺帶來人格結構的重創與既存世界的破碎，生命成為廢墟，有時候難免教人想放棄。雖然遺族會有想死的念頭，但也有支持我們堅持下去的人事物，比如還活著的孩子、父母、寵物等等。所以與其去探索想死的慾望有多深，我們也可以去建立讓我們活下來的人、事、物、理念、與意義感。這是一個流動的過程，建立了正面的彈性與轉化，不表示我們不會掉入最糟的狀況，而是我們有更多工具幫助我們再爬起來，有更深的情感連結支撐著我們，有更好的理由讓我們活下來。遺族若能把最糟的狀況看做是暫時的狀態，而不是永恆存在的本質，那麼跌入絕境只是現象，而不是終結人生的怪獸。

會問遺族對正面發展這個概念的看法，是因為我覺得這個概念是個兩刃的劍。我不想一廂情願的訴求，說這是遺族該前進的方向；我也不希望因為主張了正面發展，而讓世人忽略遺族所經歷的種種；更不希望看見人們用這個理論來要求遺族，要他們走出傷痛、朝向光明。只有沒經歷自殺失落的人才說得出那樣的話，因為他們不知道成為遺族有多痛。

自殺喪親是一個情感的歷程，而分析是否有正面發展是一個認知的歷程，得先完全擁抱情感經驗之後，認知的分析才能建立在真理之上，正面發展才能在生命中成為支柱。人的靈魂天生有一股向上的力量，但這股迎向陽光的能量在經歷挫折之後，分叉產生一個相反的能量，因此有了生之欲（光明）與死之欲（黑暗）。正面發展理論最大的價值，在於它能駕馭黑暗，而不是歌頌光明；它是深入地心的鑰匙，漆黑中的一點燈光，而不是飛向陽光、征服晴天的翅膀。

所以在這裡，正面的發展只是一個形容詞，形容破碎的心靈如何縫補自己，傷心的魂魄如何療癒自己，迷失的神識如何找回自己的能力。正面，不一定是向前，有可能只是轉變角度、更新意念；發展，不一定是更多、更強，有時只是多了跌倒了再爬起來的體力，哭泣後擦乾淚水的釋然，迷失茫然後找回道路的重新開始。以下我會讓遺族用自己的話來回應那四個問題。

朱妍安

四年前在某個機會認識朱妍安，得知在二〇一五年，她二十四歲的時候，媽媽與後母在同一年自殺。之後她提出了「隙光精神」——指的是「隙縫裡的光芒」。透過網站，她提供遺族發表詩篇，將思念與愛化為文字，讓書寫者與閱讀者能夠彼此同理共鳴。她也舉辦一年一次的自殺者遺族支持團體，提供情緒覺察、自我照顧等課程，透過支持團體來建立社群，讓遺族能夠彼此關懷。除此之外，她也採訪遺族，紀錄遺族的故事，並拍攝具有教育意義的影片，提供想關心遺族但不知該如何開始的親友一些幫助。「如暗夜中的一點光，讓迷航的船隻有了前進的導引」，隙光精神——

讓每個「被拋下」的家人不再當「孤兒」，在深刻的無助、無止境的自責和被痛苦淹沒的時刻，「無法被隔絕」的愛就是照亮隙縫的那道光，溫暖又堅定：「我，有力量活下去！」

妍安目前在信望愛基金會服務，從媒體訪問可以看到她從基督信仰中重獲生命的力量與希望，因此選擇用基督信仰為根基來支持遺族。二〇一九年我曾出席她在淡水的「平安音樂見證分享會」，她有一副美好的歌喉，唱出哀傷底層的暗黑，破碎生命的茫然。

《主知名》

我睜開眼卻看不見
連陽光也變成灰
好像昨天卻又過了四年
失去想像空間

嗨　前方的朋友
你是否看見我愛笑的眼睛
嘿　前方的朋友
如果你找到我　請你告訴我

我逃脫　我戰鬥　想放手絕望
我恐懼　我吶喊　我呼喊　盼望
我　到底是誰

前方有一道光
我看得見　卻又看不見
前方有一道光
是我用信心　去看見

我相信

那道光　會照亮一切憂傷
我相信
那道光　會照亮一切夢想

藉由緊緊抓住基督救恩、懷抱希望，讓她有力量繼續走下去。另一首歌——

《平安》

平安　平安
耶穌賜平安
平安　真平安
應許中的平安
世界不能奪去

耶穌賜的平安
我們可以放心
祂已戰勝死亡
我雖在巨浪風雨中
也必不怕遭害

我覺得妍安的「隙光精神」是她化傷痛為力量，化悲傷為祝福的行動平臺。她對生命的YES，因著耶穌而有了無盡的光明。以下是她對我問題的回應：

1. 請問您在他／她自殺以後，曾有想自殺的想法嗎？可以請您描述最糟的狀況嗎？

有。覺得自己再也撐不下去，在車上跟這個世界告別，內心覺得很抱歉，想著我等等要在哪個地方跳下去。

2.可以說說在倖存的過程中，您最常出現的模式是什麼？最常使用的策略是什麼？

最常出現的模式就是突然很悲傷很憤怒，或是突然想到什麼回憶，然後就掉下去。最常使用的策略是讓自己感覺自己的感受，很生氣就承認很生氣，抱怨一下，或是覺得自己很可憐，然後讓自己睡一覺，或是設置停損點，例如兩小時的情緒發洩，然後思想感恩的事情，思想一路走來的進步，然後重新站起來。

3.您如何走到今天？可以請您說一下支撐您的正面人／事／物（內外在皆可），或是正面的信念嗎？

對我來說，能走到今天是因為信仰的力量，在我心裡永遠有一個盼望，而且這個盼望不會失敗，以及這個盼望帶給我的使命感，使我一直到現在都有動力及方向，雖然有時會因為低落想放棄，可是並不是真的想要放棄。

4. 聽到自殺者遺族「正面的發展」，您第一個反應是什麼？可以說一下您對這個概念的看法嗎？

第一個反應是：什麼是正面？我覺得每個人對正面的定義不同，是來自個人的價值觀與信念，所以也許我覺得正面，別人不這麼覺得，專業所定義的正面，也不能代替所有人的正面。再來就是每個遺族的狀況不同，情緒不同，發展也不同，太多樣化，很難去定義正面發展。

能夠持續走的人不一定是正面發展，不想走的人也不一定是負面發展，但我覺得每一天能夠有機會感恩，或是醒來的時候看見太陽而會心一笑，都是這個族群的神蹟，正面與負面，或是發展不發展，好像已經不是生命的需要，而是與心在一起。

湯子珩

二十二歲時失去母親，在採訪影片《離開的　被留下的——悲傷循環無止境》中，湯子珩提到當時「最多的『情緒』就是自責，好像自己做錯了『事情』」。她一整年沒有出門，也沒有工作。發現要說出「媽媽是自殺走的」這句話無比困難。曾經她也有想死的念頭：

有一段期間，我只想要趕快去死，我也曾經問過我自己，我為什麼沒有跟著它（想法）去做，因為它（腦袋）就這樣想。

在一個機緣下開始接受心理輔導與團體療育讓她面對人間的禁忌。說出這個經驗之後，她再也不害怕別人知道自己的母親自殺，因為「重拾笑容，不代表就遺忘了逝去的親人」。她並且找到身為遺族的意義，就是經歷過母親自殺的痛苦後，是為了要「陪伴未來有跟我一樣的靈魂」。

過去湯子珩擔任一家社會企業的協理，是光之舞道的創研人。現在她成立工作室，用累積二十年的身體舞動，呈現出生命中最深層的情感，帶領許多人探索深層的內在，走上整合的道路。她也在西班牙伯爵漢國際大學修習超個人心理學碩士課程，以所學融入心靈的療癒。她認為只要「願意相信自己」，就會「不斷地前進」，她「相信生命不曾平庸」，對每個個體而言，「愛上自己的美」就是轉化的開始。因為愛，她堅持面對曾有自己的困境，一路走來，她從不放棄自己，因為生命邊界的經驗，是正面轉變的契機：

在生命旅程中，我們都會經歷各種撞擊而來到了生命的邊界，面對邊界，也正是跨越舒適區的時刻……。然而，當我們願意勇敢地跨出下一步時，我們穿越了邊界，與未知的自己相遇，像是拼圖般，我們越來越完整，也更貼近自己而真實地活著！

在《蟬蛻——以舞悟道》一書中，子珩提出了修復之道：

身體、心、靈魂說：
我只要你看得見　我
聽得見　我
自然而然　我就會　恢復

雖然我認為遺族的復原，與一般身心靈成長的身心修復有本質上的差別，但這個修復之道依然可以適用在遺族身上的。我認為這是遺族面對創傷失落的開始，或者說是最低要求，因為唯有先看見自己、聽見自己、感受自己、碰觸自己，才有可能整合自殺失落。然而這只是最低要求，遺族還需要外在的支持、親友的包容、社會的接納，和宇宙的善意。

以下是她對我的提問的回應：

1. 請問您在他／她自殺以後，曾有想自殺的想法嗎？可以請您描述最糟的狀況嗎？

有。

內心裡面很沒有存在感，很自卑，很自責，背後其實是覺得自己存在或不存在，好像沒有差別，所以很長一段期間，經常出現想要自殺的反應，或者是想要想死的感受。

2.可以說說在倖存的過程中，您最常出現的模式是什麼？最常使用的策略是什麼？

在第一階段媽媽剛走的時候，處在一個驚嚇、傷痛太大太強，不太哭也不知道怎麼消化這個結果，當時表面完全沒有感覺的樣子，處在情緒傷痛凍結狀態。後來細膩的發現是來到了開啟我生命學習的系統——聖達瑪學院，壓抑在裡面的感受才得以浮上來，才有機會去碰觸傷痛的自己，開始真正修復過程後才發現，當時創傷凍結裡的心理反應及衝突。

媽媽自殺後除了驚嚇外，潛藏在底層下的情緒其一是憤怒。原因是我自私地認為媽媽就是媽媽，媽媽應該要堅強的，應該要保護我們的，怎麼可以做這樣的決定？所以心裡面有著憤怒的情緒在，不知道怎麼處理這樣憤怒感受。

其二是自責，我像是一位劊子手，我是最會惹媽媽不開心的，姊姊們都知道媽媽的情況，盡量順著媽媽的情緒跟她說話。之前我最會忤逆她，雖然最後兩年與她越來越親密，但當她再次想不開時，我竟然沒發現，是自責也是懊悔。

我無法面對這樣的情緒感受，也不知道怎麼面對，更怕懊悔再發生，馬上緊顧下一個目標，就是守護爸爸，怕他會再走，所以第一年一整天都沒出門，守著爸爸。在這個創傷的凍結裡，內心裡面完全是封鎖的。第二年在家裡附近找一個工作，但就像一個機器人一樣來回，習慣這種重複的慣性模式。

3.您如何走到今天？可以請您說一下支撐您的正面人／事／物（內外在皆

可），或是正面的信念嗎？

我從小到大就是一個不講話的孩子，很多心理感受說不出，高度壓抑到也以為沒有感覺，媽媽走了之後，似乎生命就是如此地過日子，「希望」對我來說其實是很奢侈的東西。當遇見恩師——聖塔達瑪老師開始，重新對生命有了希望的曙光。雖然在學習探索自我的過程中，有很多不懂、不熟悉的地方，內心與依然堅持的原因是他給我的那份希望，讓我對生命與未來產生好奇的渴望，直到現在可以陪著自己，讓我在很多夜深人靜時，可以怡然自處，在心裡過不去的時，依然可以看見問題背後所帶的禮物，這份怡然自處，是得到的最大禮物。

4.聽到自殺者遺族「正面的發展」，您第一個反應是什麼？可以說一下您對這個概念的看法嗎？

「正面發展」這個名詞我想了很久，一直在思考這個「正面」所存在的意義是什麼。再想想自己走過的過程有許多的過不去——對媽媽的愧疚過不去，對外在觀感感受過不去，對道德、對錯過不去，隨時在一個敏感又驚恐的狀態，隨時可以被突然來的定義釘死自己。

所以我認為的正面發展，偏向心理真實的狀態，是一個願意走向內在修復，與自己重新和解的心理發展狀態，當與自己真正和解後，自然而然地不再為誰而武裝自己，找尋他人要的定義來認定自己的存在，反而主動重新有了為自己找尋生命意義的能力。

所以我認為「正面發展」是在曾經的創傷凍結裡，願意轉身面對自己的創傷，讓這個創傷可以變成流動式的，到有一天可以體驗到其中的意義與芬芳。或許我們摯愛的家人，他用死亡來到我們的生命，而我們可以用「重生」來回饋給摯愛的家人，用「重生」與他一起重新看待生命的樣貌！

那麼自殺者遺族，不再是苦無出路的心理狀態，而是與我們一樣的家人，找尋新的生命意義——一個身心和解的過程。

藉由不同的管道，妍安和子珩和我獲得相同的結論，就是——愛是最強的解藥。我們都需要愛，成為遺族之後，愛是我們的救命仙丹，沒有愛，我們活不下去。

你願意愛我嗎？你願意愛我們嗎？身為自殺者遺族，這是我最深的渴望。

參考書單：

呂欣芹、方俊凱著（2008），《我是自殺者遺族》，臺北，文經社。

隙光精神網址，https://seelight.mystrikingly.com/（2020/11/13）

湯子珩著（2019），《蟬蛻——以舞悟道》，臺北，城邦。

採訪湯子珩影片，《離開的　被留下的——悲傷循環無止境》。https://www.youtube.com/watch?v=lEL4lfqNLBg&fbclid=IwAR17DlwsZ0zkmdIbBKoQ175fSg8GlXcZp3La6qX60ImvZ04qYBQFHwak678（2020/11/22）

湯子珩 Sarvajnata-《蟬蛻——以舞悟道》生命歷程。
https://www.ner.gov.tw/program/5a83f4ebc5fd8a01e2df020d/5eb4e778ff5a6600077fa816?fbclid=IwAR0EPiT-lGjwxgZkNMTlOqb8porv8aJFCO1fXYj--cjqk8c6rd_96kziu_k（2020/11/22）
「在邊界遇見自己」—湯子珩——光之舞・道（Sarvajnata－TAO of Dancing）——我是誰（Who am I），https://www.youtube.com/watch?v=iqlcbPrWeDs（2020/11/22）

i　健　康　0　6　3

一百零一個活下來的理由——如何面對自殺情結

國家圖書館出版品預行編目 (CIP) 資料

一百零一個活下來的理由 : 如何面對自殺情結 / 杜秀娟著 . -- 初版 . -- 臺北市 : 健行文化出版事業有限公司出版 : 九歌出版社有限公司發行 , 2023.08

面；　公分 . -- (i 健康 ; 63)

ISBN 978-626-7207-30-7(平裝)

1.CST: 自殺 2.CST: 心理輔導 3.CST: 心理治療 4.CST: 通俗作品

178.8　　112009267

作　　者——杜秀娟
責任編輯——曾敏英
發 行 人——蔡澤蘋
出　　版——健行文化出版事業有限公司
台北市 105 八德路 3 段 12 巷 57 弄 40 號
電話／ 02-25776564・傳真／ 02-25789205
郵政劃撥／ 0112263-4

九歌文學網　www.chiuko.com.tw

印　　刷——晨捷印製有限公司
法律顧問——龍躍天律師 ・ 蕭雄淋律師 ・ 董安丹律師
初　　版——2023 年 8 月
定　　價——420 元
書　　號——0208063
I S B N ——978-626-7207-30-7
9786267207314 (PDF)